U0597405

我们一起解决问题

说别对我谎

如何发现
别人隐藏
的东西

［德］马库斯·舒尔梅耶（Markus Schollmeyer）◎著

徐琼星 余 萍◎译

LÜG MICH NICHT AN!

人民邮电出版社

北 京

图书在版编目（CIP）数据

别对我说谎：如何发现别人隐藏的东西 / （德）马库斯·舒尔梅耶（Markus Schollmeyer）著；徐琼星，余萍译. -- 北京：人民邮电出版社，2023.3（2023.11重印）
ISBN 978-7-115-61032-4

Ⅰ. ①别… Ⅱ. ①马… ②徐… ③余… Ⅲ. ①谎言—心理学分析 Ⅳ. ①C912.69

中国国家版本馆CIP数据核字(2023)第001944号

内 容 提 要

社会学家和心理学家的研究表明，人们每天都可能会程度不等地用到 5~200 次谎言。这也可能意味着我们生活在一个真话、假话混杂的环境中，但没人喜欢谎言，没人喜欢被欺骗。

本书作者马库斯·舒尔梅耶用他曾作为刑事律师和法证心理学研究人员的研究与实践经验提出了一种普通人就能掌握的鉴谎方法——BACON®法，通过对一个人的人格与背景进行分析，辅以身体语言这种重要线索，帮助人们在识别真相时学会调查，学会不让情绪代替事实，不被人类大脑中的"黑客"操纵，进而不再雾里看花，看清真相和本质。

本书适合每一个谎言研究者，每一个需要学会辨别谎言以提升工作与生活质量的人，以及对说谎心理学有兴趣的人。

◆　著　　［德］马库斯·舒尔梅耶（Markus Schollmeyer）
　　译　　徐琼星　余　萍
责任编辑　姜　珊　杨佳凝
责任印制　彭志环

◆人民邮电出版社出版发行　　北京市丰台区成寿寺路 11 号
邮编 100164　电子邮件 315@ptpress.com.cn
网址 https://www.ptpress.com.cn
北京天宇星印刷厂印刷

◆开本：880×1230　1/32
印张：7　　　　　　　　　　　2023 年 3 月第 1 版
字数：150 千字　　　　　　　2023 年 11 月北京第 3 次印刷
著作权合同登记号　图字：01-2022-4463 号

定　价：59.80 元
读者服务热线：（010）81055656　印装质量热线：（010）81055316
反盗版热线：（010）81055315
广告经营许可证：京东市监广登字 20170147 号

以诚相待

阅 读此书前，请你诚实地问自己：

- 你今天撒了多少次谎？
- 你为何想要别人诚实地对待你？
- 对你来说，真相意味着什么？

在这个我们连国家首脑都很难去信任，谎言会在知名社交媒体平台被转载无数次的时代，问自己这些问题就显得尤为重要了。有人都说现在是后真相[①]时代，但这么说还为时尚早。说实话，我认为这完全是胡说八道。事实就是，我们通过我们的眼睛来感知世界。我们知道的事实越多，对世界的感知就越独到、越可靠、越丰盈、越现实。**事实帮助我们看到事物之间的联系，以及认识世界运行的模式。**

　　我认为现在到了强调真理价值的时候了。通过这本书，我展示了我在职业生涯中寻找真理的经历。为了消除那些广为人知的误解，如靠身体语言判断谎言（神话、假话与科学理论在身体语言应用中并存），我借鉴了揭穿谎言的科学研究成果。

---

①　所谓后真相，就是客观事实对公众的影响没有感性诉求大。

　　各章主题设计明晰，如果你对某一章特别感兴趣，你可以从那里开始阅读。当然，你也可以从头到尾阅读这本书。

目录

第二部分
好饵能诱鼠——BACON® 法

第 3 章 成为人形测谎仪 / 095

不诚实的人不应获得奖励

艾伯特（Albert）吃惊地说："请告诉我这到底是一本什么样的书？关于诚信的书？在这样一个充斥着假新闻、谎言、信口开河的'定论'的环境下，人们开始不相信自己的所见和所闻，你要去介绍谎言、真相，并且倡导诚实？你是不是太闲了？这样做能给你带来什么？你还不如写一本关于如何在作弊之后逃脱惩罚的手册，那一定会是一本畅销书！"

　　艾伯特是我非常尊敬的同事，我们常常一起谈论社会问题。我非常欣赏他高质量的谈话水平，但此时我不得不反驳他："好吧，如果接下来我说得不对，那么请纠正我。你是不是不喜欢别人对你有所隐瞒？你是不是也意识到并经常强调真理的价值？其实你也是一个期望改变的人。你也会摒弃'为达目的，一切手段都是合理的'思维，盼望人与人之间有更长久的相处方式。我们倡导环境保护，但在保护人性和价值观时表现得相当冷漠，你也会对此感到很矛盾。你也觉得很难在一个尔虞我诈的社会里打造没有谎言的氛围。你认为我们应该给予他人更多的信任，作为回报，我们也应该在这个利益至上的世界里得到信任。你觉得这是一个每个人都呼吁正义，却又抱怨且不愿承担责任的世界；这是我们需要最好的医疗保健但护士薪水过低的世界；这是我们向年轻人承诺未来，却不让他们创造未来的世界；这是我们期望伴侣忠诚，却喜欢在网上调情的世界；这是金钱和权利可以掩盖真相的世界。你会认为这样的世界是虚伪的，对吗？"艾伯特点了点头："确实如此，我经常看到不诚实的人最终获得了奖励。"

也许他的观点不无道理，回头看看，那些用谎言蒙混过关的人往往能够获取更大的利益。时代在变化，一种新的意识形态已经出现。我们必须学会爱护环境，否则它很快就会遭到破坏。"经济人"模式，即纯粹由经济因素驱动的模式已经被淘汰，因为无条件地追求利益的观念与环保的理念并不契合。此外，我们还要应对数字化改革，计算机和人工智能正在承担越来越多的任务。地球人口过多迫使我们走得更近，这将导致生活的各个领域充满竞争。想想看，我们不仅要争抢原材料、经济适用房、停车位和幼儿园名额，还要争抢伴侣。对了，在一些城市，你甚至还要争抢一个网红餐厅的位子，因为其他人已经提前几周预订了座位。再试想一下，当更多的人搬到城市里，寻找住房、伴侣、工作或者餐厅座位时，将会发生什么呢？所有的一切都会变得更紧张，摩擦也会频繁发生，因为人性太复杂，所以这些冲突很难仅仅靠公平正义的方式就能解决。迁移会带来人与人之间接触的压力，而诚实和信任的关系可以减轻乃至消除这些压力。

我们是否可以用一种简单、传统的方式来解决迁移的问题，即把自己封闭隔绝起来，以维持现状？答

案是不可以，因为封锁边界和民粹主义思想不能阻止
这种迁移，反而会导致更多的竞争和冲突。

　　我们面临着一场变革，以往的模式会被一种新的
生活方式所取代，这种生活方式会随着人们的实际情
况和愿望发生巨大的变化。最终，我们会因为这样巨
大的挑战而意识到，只有齐心协力才能解决问题。但
是，如果不对那些为了获得更多利益的利己主义者施
以强有力的控制，就无法做到这一点。控制有好处，
也有坏处。对于国家来说，控制当然是必需的，比如，
不能违反刑事法律。但是将控制放在家庭、工作和恋
爱关系中却只会得到糟糕的反馈，因为长久地控制他
人是耗费精力的事情，只有心理有问题的人才喜欢控
制他人。对于健康的人来说，控制会产生巨大的能量
消耗，会吞噬我们的能量，令我们疲惫不堪、裹足不

前，阻碍我们利用能量来改变现状，难以实现愉快、舒适的生活。

我建议用诚实来代替控制。诚实会创造出信任，你不会去控制一个你信任的人。这不仅仅能节省精力，还可以让生活变得更加轻松。想象一下，当你不再一有短信通知就查看恋人的手机，生活会变得多么轻松。这样做有助于减少压力，令人更加愉快。假如你的伴侣诚实可信，你就不必检查。当然还有一个方案，就是禁止使用手机。但这是多么荒谬的想法，禁令和规定只是不信任和控制欲的表现，并不会由此产生信任。这样的消极循环到最后通常会产生控制性"独裁"。有些人会觉得自己不是在一个信任的环境，而是在一个"独裁"的家庭中生活。换句话说，一个社会需要信任和诚实，以防止人们被束缚。这种意识应该像气候变化一样改变我们的生活方式。

　　诚实成了新的"绿色主义"，这种生活方式就像素食主义者的生活一样。你要么选择这种方式生活并且持之以恒地坚持，要么压根不选择。当然，选择诚实也有代价，那就是需要花费大量的精力。诚实是恋爱关系、家庭关系、职场或朋友关系等一切人际关系中的黏合剂和基石。假如没有诚实，这些关系就是纯粹的利益关系，在这种关系中，人会很快被取代甚至遭遇背叛。不管怎么说，诚实都是一种非常宝贵的品质，但我们在竞争和疯狂的生活中常常会丢失这种品质。当我们的社会构建和人际交往越来越被外界干扰时，一本关于诚实和真相的书就是必不可少的。我不想在书中大谈人类的邪恶和谎言，只是对诚实的做法给出指导，并提出在他人想隐藏真相时，将真相公之于众的方法。

　　本书将会为你在你的周围，包括你的朋友圈、家庭和工作岗位中，创造一个正向、诚信的氛围，用来甄别谎言，在必要时揭露谎言，从而不陷入谎言的泥沼。为此，我会让你了解所谓人类黑客或者说社会工程学的秘密。这是一种了解和解码人类的技术，为了更加有效地呈现自己的观点，我不会使用它来进行操纵，而是使用我进一步开发的 BACON® 法来解密人类，寻找真相。我们的身体语言是帮助我们找到真相的重要线索。**而个人的看法和对自己的诚实度决定了我们能否成功地找到真相。** BACON® 法还附有对话指导和提示，说明了怎样提问能够找出真相，以及如何正确地说出真相。希望本书能为你提供可靠的支持，以便你为你的伙伴关系、家庭生活及职业生涯创造一个稳定的基础，从而更好地做出决策。

　　我会在本书中给出我的意见，但绝不会把道德准则强加于你，这只是一些或许能引人思考的想法，绝不是唯一的观点。希望这本书能够唤醒你对诚实这一品质价值的认识，激发你对诚实的思考。我还希望帮助你们意识到，我们不能为了达到目的而总是将谎言和手段合理化，因为个人的输赢并不是最重要的，只有合作才能让我们更好地解决那些悬而未决的问题。要做到这一点，就需要以诚相待，彼此信任。一个充满信任的世界将是多么美好呀！

注：为了方便，我把所有第三人称都写成了男性的"他"，这绝不是歧视其他性别的人。

大前提：寻求真相的人应该先认清自我

"为什么会这样？"你或许会问自己这样的问题。揭露谎言就是要从别人的角度去探索分析。为了能够做出正确的分析，你应该先了解自我，以免从潜意识的误解和偏见中，得出错误的结论。这种情况下，我建议你为自己做 BACON® 测试。别担心，测试的结果并不会对你的行为做出好坏的评价，只会告诉你是什么动机驱动了你的行为，是不是有占主导地位的人使你在探寻真理的过程中只能做出简单的判断。因为经验表明，占主导地位的人往往喜欢只列出不利于对方的证据。在我当律师的时候，我经常在刑事审判中遇到检察官和法院拼命地试图只确定有罪的事实，以确认指控。这绝不利于对真理和真诚的探索，最好避免这一错误。在《甘草》这部电视剧中，在明斯特的犯罪现场，法医伯恩博士和刑侦警官蒂尔组成了有趣的二人调查组。两人试图破解一个被氰化物毒死的企业家的谋杀案。这个案子与四十年前的一起"自杀"案有关联。这起旧案的特别之处在于，伯恩博士小时候发现的尸体是他的家教老师，而死者的女儿是他的同学。不仅如此，小伯恩还爱上了这位女同学。然而，小女孩不仅没有回应他的爱，反而还和比伯恩强壮并有辆摩托车的男友一起嘲笑他，随后，男孩把接近自己女朋友的伯恩的脸浸在一盆甘草里，以此教训他。后来，心爱的女孩和她的男友结了婚还生了个儿子。伯恩发现企业家的尸体后进行了检查，他确信这不是自杀。他发现了奇怪的痕迹，推测这是用氰化物下毒实施的谋杀，并对此进行调查。当年警方不愿意相信尚还年幼的伯恩，因为以自杀结案比继续调查会容易很多。四十年后，明斯特又一次发生了氰化物谋杀案，伯恩年轻时的挚爱被怀疑毒害了这位企业家。这令伯恩非常难过并开始调查。他被真正的罪犯——女同学的父亲引向了假线索，将怀疑的目光投向了女同学的"前"男友，也就是她的现任丈夫的身上，之前受了气的伯恩专门去寻找他的罪证，并为此建立了一个证据链，提交给了蒂尔。随后两人拜访了嫌疑人，但他坚决否认犯罪。最后，蒂尔找到了真正的罪魁祸首，因为他仔细查看了死去的女人的遗书，发现了无可辩驳的证据，证明伯恩博士怀疑的人根本不可能犯下这些罪行。蒂尔揭开了女同学的父亲的罪恶面纱。四十年前，他的妻子为了另一个男人打算离开他。他不知道那个男人是谁，不希望妻子去找他。于是他用氰化物杀死了她并伪装成自杀。那封妻子想要离开他时写的信被他变成了遗书，但用词上却不符合妻子的语气。因为伯恩博士希望自己以前所爱之人的丈夫是罪犯，所以没有注意到这些，尽管他平时非常注意细节，几乎什么事情都逃不过他的眼睛，但他被自己的偏见蒙蔽了，调查错了方向甚至找到了与事实不符的证据。而蒂尔却发现了四十年后，伯恩的挚爱的父亲知道了当年自己的情敌，然后再现四十年前的氰化物犯罪，杀死了情敌，也就是中毒的企业家。好在警官注意到了这一点，抓住了真正的罪犯。

所以你看，**一个人自以为是的预设可以在很大程度上误导其他人，这正是我们要反思自己的原因。**

让我们回到你自身与真理的关系上。你是如何回答本书前言中的三个问题的？让我猜猜，你今天已经撒了谎（如果时间尚早，你还会继续撒谎）。其实，你和大多数人一样，期待得到他人的诚实对待。真相对你来说意义重大，反过来说，也意味着你不赞同谎言，对吗？

　　然而，你自己却时不时地撒谎，你该怎么协调？最重要的是，你可以做到不说谎，然后把更多的诚实和正直带入你的生活吗？抛弃谎言，融入真理，这样你就能始终准确地掌握情况，并清楚自己的立场。我认为这是个好提议。

第一部分

真理的价值——
为什么诚实能战胜谎言

第1章
诚实营造充满信任的生存环境

当我把诚实作为一种建立信任的价值观和良好人际关系的真理来谈论时，我经常会遇到这样的问题：人如何对自己和他人做到诚实而不过分掩饰，同时又不过分敞开心扉，以避免自己受伤？你要知道你所展露的关于自我的一切都将被用来对付"自我"，特别是在竞争激烈的环境中。还记得前面所描述的城里的人为经济适用房、托儿所和生产资料争抢的情况吗？在这样的竞争环境中，过多透露自己的情况是不利的，不是吗？这句话乍听起来很有道理，但仔细一想却不是这样。

事实是，诚实不应该使人受伤，而应该最终对问题、决定、人、关系以及自我产生清晰的认识。任何情况下，诚实的态度都不应该成为那些利用诚实，甚至编造谎言为自己创造优势，让对方处于劣势的人的攻击武器。但事实上，人们确实可以用这些信息来进行攻击。需要质疑的是，这种信息是否全是因为诚实才泄露的，又或者是因为愚蠢。因为个人信息可能多是由个人自行透露的，有些甚至是个人在网上自愿交流时透露的。

诚实不应该让人变得脆弱，而是自身强大的表现。一个诚实的人除了不会去耍手段，还必须让自己独立起来。不然，让社会环境变得更加诚实守信这个愿望不仅天真，还很愚蠢。虽然我在这本书中描绘诚实和探寻真理，但我也知道这个世界永远不会完全诚实。尽管如此，我还是希望帮助你构建诚实的氛围，这样你就更清楚别人所隐瞒的东西。当你意识到别人欺骗你、利用你的时候，"认知"就会是你的力量。当你想在周遭创造一个人人都诚实待人、重视真理且能够做自己的环境时，你不再需要耍小手段，不再需要伪装。当谎言失去了作用（因为它们怎样都会被揭露），当人们认识到诚实的价值时，我们就成功了。这时一个人内在的品质，能够被他人所感知。这也是为什么你如何回答前言中的问题并不重要，因为你的内在信念会反映在行为上。

诚实是新"绿色主义"

恐怕未来还会有很多谎言，因为撒谎很容易，而且通常只有好处而没有什么坏处。那么问题来了，如果撒谎和使手段可以带来好处，那么人为什么还要诚实？难道人不应该先考虑自己，过一个尽可能舒服的生活吗？简而言之，到底人为什么要诚实？

答案是，生活是由种种关系组成的，生活中的一切只有我们在建立关系时才会起作用。我们会和一些朋友共度时光，相互诉苦；我们会和职场的同事一起完成任务；我们也会和邻居们相互妥协，因为我们没有办法决定谁住在我们隔壁。这些都是我们或多或少可以诚实对待的关系。你或许会出轨，或许会对朋友撒谎，或许会在职场中不诚实，这些都是可能发生的。

诚实这个词涉及名誉，而名誉和自我有关。如果我注重名誉，那么我就会维护它的价值。所以，支持或反对诚实是由每个人自己决定的，属于个人名誉问题。

维京人原则：诚实地跨越海洋

当你听到维京人原则时，你会想到那遥远的北方，想到船只，想到野人，有些人还会想到电影《维京小海盗》。很少有人把维京人与诚实这个品质联系起来，毕竟他们常用的手段就是突袭，靠着突袭来掠夺海岸附近的村庄。或许只有维京人自己才觉得自己是个好军队吧。这样一个海盗犯罪集团，怎么可能和诚信有任何联系？虽然那些著名的传说中只描写了维京人丑陋的一面，但鲜为人知的是，维京人有一个受到高度尊重的法律体系，他们常在法庭上决定重要事项和解决争端。

　　现在我要带你进行一次小小的旅行，不是去遥远的北方，而是去巴西。我常因业务前往圣保罗这个巴西的经济中心，出差期间，我常常在晚上和那里的同事一起出门。那里的每个人都会带上朋友、兄弟姐妹、伴侣。这是典型的巴西风格，我认为这非常美妙，没有哪个地方会像这里一样产生如此有趣和令人惊讶的对话。回到我的故事，我们在位于贾丁区的圣保罗大街上的一家餐馆用餐。圣保罗是南半球最大的城市，拥有人口近1 200万，贾丁区就像是圣保罗中心的绿肺。当我们在餐厅享受美味的百香果鸡尾酒的时候，我们认识了马塞洛（Marcelo），他是一位高级官员的弟弟，来自亚马孙地区，是一名土生土长的巴西人，他从他哥哥那里知道了我的背景。我们的谈话很快就脱离了闲聊和生意，转到了信仰和价值观、诚实和真诚层面。令我惊讶的是，马塞洛说维京人是一个特别诚实和真诚的民族，他甚至还很钦佩他们。基于维京人的强盗背景，我问了很多涉及诚实的问题。马塞洛喝了一口酒，平静地放下酒杯，开始继续这一话题。接下来，对我来说是一堂思维分析课，虽然很多人认为我在这方面的能力很强，但马塞洛在评估事物或寻找真相时所展现出的清晰的思维对我仍很有启发。

他说道："想象一下，你是一个维京人，和同伴一起出海。你想袭击几个村庄后，把战利品带回家给家人。对你来说，这一切都很平常，因为你不觉得这有什么不对。你对公正、平等、动物保护等一无所知，因为它们在当时根本不存在。对你来说，唯一重要的就是你的军队和你的战利品。海上的船还未靠岸，你们只有相互依靠才能成功。"他伸手拿起酒杯，喝了一口继续说道："今天很难想象那个时候的人们如何互相依靠。当然，维京人有等级制度，船长需要水手。我们在谈论维京人和他们的原则时，只有把自己带入其中，才能理解那个时候诚实的价值。就像你在寻找真相的时候，要把自己放在相关人员的位置上，但要符合当时的规则。"他又喝了一口，说道："所以，只有信任他人，不然什么都做不成。毕竟你不可能在海上随便换人。你必须和他们合作。因此，对于维京人来说，他们必须信任船上的船员。但由于船只很小，装不了很多人，也就是说，必须一起工作，又彼此信任的人是非常有限的。换句话说，如果一个人撒谎，所有人都会有风险。因为那个时候大家需要相互合作：'你系好帆了吗？你带好所有食物了吗？你看到其他船只了吗？'如果此时有人想搞破坏撒了谎，那么每个人都会陷入生命危险，无法给村子带回东西，进而危及家庭。正如我所说，人们没有意识到掠夺的不公正，但适者生存法则得到了应用。因为所有事情都要一起做，所以最大的危险就是不诚实。如果有人不诚实，就会令其他人感到措手不及，因为没有人可以预料到。一旦有人这样做了，那么这趟航行就会失败，因为团队的精力不会浪费在检验信任上，他们不想也不能这么做。"

"好吧，有意思，但我不明白老维京人和我们有什么关系？"

马塞洛温和地笑了笑，向我敬酒道："我们人类不仅在大脑中储存信息，还会在基因中储存。而这些信息会通过基因无意识地传给下一代。"

弗莱堡马克斯·普朗克免疫生物学和表观遗传学研究所的研究人员发现，经验也是通过基因传递的。领导这项研究的尼古拉解释道："我们的研究表明，我们从父母那里继承的不仅仅是基因，还有控制我们遗传物质活动的机制。我们知道这些机制会受我们所处的环境和个人生活方式的影响。因此，可以想象，至少在某些情况下，后天的环境适应性也可以通过种系传递给后代。"

马塞洛继续说："不仅仅是维京人，在几乎所有的早期文化中，为了生存，人们都必须对彼此诚实。我们都是受基因影响的后代，即使有些人在生活中可以很好地利用谎言，但在内心深处和潜意识中，他们也知道这是错误的。这就是为什么说谎者在说谎时会变得疯狂和紧张，然后你可以通过他们的肢体语言发现他们在说谎。当然，在早期的团体中，也存在谎言和背叛，不过他们受到了非常严厉的惩罚。"

当然，马塞洛当时还发表了很多出彩的观点。但我之所以分享以上观点，是因为我相信对知识和经验的遗传研究才刚刚开始，在不久的将来，我们能够获得更多关于基因、潜意识和人格相互作用的令人惊讶的证据。实际上，我对这一点深信不疑。但老实说，在严格的科学基础上，这些观点还没有得以充分的证明，这只是我个人的观点。

换句话说，诚实是一种生活态度，它可能比单纯的教育问题有着更悠久的起源。

过去的人们知道诚实可以让生活更美好，让人们更加信赖彼此，活得更有尊严、更有价值。今天仍是如此，知道真相的人能做出正确的决定。那些对自己诚实的人不必隐藏和展示他们根本没有的东西。也许你隐瞒了自己的血统；也许你隐瞒了自己的性取向；也许你没有表达你的个人观点，把自己隐藏起来，或者认为自己不能也不应该为自己发声。这些不诚实的表现不仅是一种很大的内耗，而且从长远来看，它将会摧毁你的灵魂。诚实总是从对自己诚实开始，即使这听起来很老套，就像不爱自己的人也不可能爱别人一样，只有对自己诚实的人才能对别人诚实。因此，对自己诚实是为自己选择诚实的生活方式的一个非常重要的步骤。

只有当我们赋予真实应有的地位时，和平、繁荣和人类共存才会得以实现和延续。当真相于我们有很大意义的时候，也就超越了我们自己的利益或下一个赚钱的机会。也就是说，不管一个人是否通过说谎在商业交易中获得优势，或者是否通过营销谎言获得利益，真实的价值都应该不仅仅在法庭或者新闻上体现。真实应该回归到我们每天都会见面的日常生活中。真实是一种生活态度。如果我们彼此坦诚相待，我们都可以过上这种生活，不仅仅用言语，更要用行动和真心！它是类似于绿色精神或者素食主义的东西。如今，素食主义不仅仅是单纯的饮食之道，更是一种生活态度。素食主义者这样做感觉良好，因为他们不想伤害动物，所以他们不食用肉类，也不穿戴动物制品。那些保护环境、享受绿色生活的人这样做是为了让自己和环境变得更好。诚实，也就意味着你必须要接受一条不是最舒适的道路，而是对自己最好的道路。这是一种生活态度，如果有更多的人持有这种态度，我们的世界将变得更加可靠、更加美好。诚实比任何谎言都令人愉快和舒适，它将在每个人的环境中创造出真诚、信任和可靠的氛围。换句话说，诚实可以让每个人都可以做自己，充满安全感。这种能量会越来越多，这绝对值得一试。只要你诚实、深刻并感性地处理问题，你就能获得胜利。

诚实的人都是傻瓜吗

当诚实成为一种生活态度，那么我们能靠诚实走多远？常有人把诚实的人看作傻瓜，因为明明可以靠说谎就能获得更多。还有一句俗语是纸包不住火，谁要是撒了一次谎，以后即使说真话也不会有人相信了。一边说诚实的人是愚蠢的，一边又没有人相信一个因为不诚实而被抓的骗子。还有人说，无论如何，谎言都会被揭穿，因为它的腿短，而真理的腿长，跑起来要快得多。这话听起来与现实存在着巨大的矛盾。我们来解释一下这句俗语：当"聪明人"把手伸进"诡计袋"，用谎言来确保利益的时候，诚实的人就都是傻瓜。这里涉及更多的是物质层面的东西。在人际关系层面，如果一个人不相信说谎者，那么即使他说的是实话，也没有用。如果谎言带来的损失太大，那么说谎者就不能再被信任了。而谎言是否"腿短"这件事在今天来看是这样的，如果谎言真的"腿短"，那么就不会有这本书了，也不会有肢体语言方面的专家，一切都会与真相相符。不幸的是，情况并非如此，许多说谎者仍能逃脱说谎的惩罚。

在本书中，因为我们把诚实当成一种生活态度，所以信任缺失就是我们最关心的问题。正如下面的例子所示，信任缺失会给关系带来压力，但信任也可以出乎意料地一次又一次被重建。诚实的人愿意为自己的诚实和真理付出代价。想想看，许多诚实的人把鼓鼓囊囊的钱包送到失物招领处，不拿一分钱，也不指望得到任何回报。这样的事就发生在我身上。某个早晨我在利物浦车站弄丢了钱包，里面有一张信用卡和300英镑的现金。就在我丢失钱包的那天，我将在傍晚时分启程前往德国。我想利用剩下的时间大致了解一下这座城市。一般在短暂的商务旅行中，我并没有太多的时间去游览城市。所以那天我很高兴在工作结束、离开这座城市之前可以领略拥有著名的安菲尔德路、甲壳虫乐队和利物浦足球俱乐部的这座城市的风光。于是，我铆足劲，轻快地跑过汽车站，赶赴第一场会议。匆忙中我丢失了钱包，它是从我的裤兜里掉出去的，我就是那种不会把钱包放在公文包里的人。

第一场会议结束后，我和合作伙伴像往常一样告别，他提醒我带好东西。于是我摸了摸裤兜，手机在我右口袋，但左口袋是空的，钱和信用卡连同整个钱包都不在了。幸好证件在我的行李箱里，我至少还可以出境。英国和其他欧洲国家不同，一直都有签证管制。你完全可以想象我当时的惊慌。我的同事帮我一起在从汽车站到办公楼的路上找了好几遍，我们一无所获。到了中午，同事建议先吃饭，因为如果饿着肚子，旅行就会失去原本的乐趣，我喜欢这种英式幽默。于是我们去了市中心的一家巴西烤肉自助餐厅，服务员端着菜在餐厅里走来走去，直到你把你座位旁边的牌子从绿色转成红色。(也就是说，服务员会把大串的烤肉端到你的餐桌上来，用一把锋利的刀削下一片放在你的盘中。有些店会在餐桌上放一个牌子供顾客使用，绿色一面表示来者不拒，红色一面表示酒足饭饱，服务员就不再拿着肉串来打扰你了。）当我们在用餐时，当我正聊着我在巴西的经历，以此来消除丢失钱包的沮丧情绪时，我收到了一封电子邮件。这条信息来自在汽车站工作的艾米莉。她说，有人捡到了我的钱包，并且上交了。她在网上查到了我的电子邮件信息，希望能尽快联系到我。我欣喜若狂，向我的生意伙伴道了歉，急忙赶到汽车站和艾米莉会面，我给她看了我的身份证件和我手机上的电子邮件后，她把我的钱包递给了我。钱包里一分钱都没有少！我想叫艾米莉帮我找到那个人以表达感激之情。可她却说："那个男人只是把钱包留在了这里，说是他发现的。"我问："他有没有说他叫什么名字，你认识他吗？""不认识，我从没见过他。"那么，我怎么给他酬金呢？法律规定他可以获得 10% 的酬金。如果可以找到他，我还会给更多，但现在却找不到了。于是我问艾米莉在哪买咖啡，我想至少感谢一下她和她的同事。艾米莉则挥挥手道："不用了，我们老板有规定。"但我还是想要做些什么，所以我要求见她的老板。

　　伊恩是一个 45 岁左右的英国人，操着一口利物浦方言，身材臃肿。他耐心地听着我的故事，说他已经知道了，因为他在这里工作（我说过我喜欢这种英式幽默），然后拒绝了我的提议，说："先生，这本来就是你的钱，我们这样做是理所应当的。如果我们做了其他不寻常的事，再奖励我们吧。但我们没有，我们只是做了这个世界上再正常不过的事。"于是，我们互道再见，那时我明白了：诚实真的是一种生活态度，诚实的人关心的不是利益，而是人际交往行为，人与人之间的信任。通过这件事，艾米莉和伊恩赢得了我的信任，因为我没有想到有人会把我的钱包归还给我。

我原本以为，如果有人拾到它，便会和钱包一起消失，但这样的事并没有发生，因为遇到这件事的人考虑的是真诚与信任，而不是短暂的物质利益。在我看来，他们就是真正的榜样。

诚实者是圣人还是凡夫

诚实的人是真正的楷模。他们在我们的社会中大放异彩，脱颖而出，靠着这种已经变得稀有的价值和其他选择利益的人区分开来。诚实的人就像一座灯塔，他们有一种令人可敬的生活态度。借用著名电影《星球大战》中的概念来解释："他们使用的是光明原力而非诱人的黑暗原力。"原力是一种超自然的、无处不在的神秘力量，是所有生物创造的一个能量场，是《星球大战》系列作品中的核心。他们不是达斯维达，而是天行者卢克（达斯维达是《星球大战》中重要的反派角色），他们就是高尚的代名词。

那么究竟要不要把自己这样宝贵的品质展露出来呢？我认为任何人都不应该隐藏自己好的个人品质，而是应该把好的品质展现出来。但是，心理学家的研究结果却和我的观点不一样，他们的这项研究是关于一个榜样的影响力为何会给自己带来不利影响。想一想我们的过去，在我们的学生时代，成绩好的人很快就会被当作"胜利者"。毕竟，自己的考试成绩并不理想，所以除了说更好的那个人是个胜利者外，不可能有别的结果。如果你真心这么觉得，那么这样说当然会让你感觉很好，你的内心会变轻松。如果有人一直比其他人强，那么这个人就会遭到谴责，"胜利者"这个标签就会变成一种不利因素。胜利者不再被邀请参加聚会，也不会在暑假被邀请一起去游泳。他们只有和其他胜利者交往，不然只能变得孤独。然而，实际上，胜利者是很好的楷模，大家应该去效仿，而非贬低他们。无论你如何看待学校制度，你都不能否认这种影响的存在。我们在职场中也会发现这样的情况，工作表现最好的不一定是最受欢迎的。或许你需要帮助的时候会向他咨询，但当你想在下班后和同事放松消遣时却很少找他。因为"胜利者"难以让我们放轻松，他的存在时刻提醒着我们的不完美、不确定性和未完成的工作。他无声无息地通过他的存在，触痛我们无意识的敏感的伤口，让我们知道自己并没有自己想象中那么完美和美好。美国人管胜利者叫"讨厌鬼"，因为他们令人心烦。这也正是我们不喜欢自己的地方。为什么我们倾向于贬低更优秀的人？当一个社会更多地讨论放弃和取舍，只为了改善现在和未来的环境时，我们应该注意，因为这可能正是这样的"现象"在背后作祟。比如，对于由气候变化所导致的变化，我们应该注意其背后真正的原因并着手去改善，而不是仅仅采用单纯的放弃战略。如果你觉得这很难理解，那么看看互联网上的评论就会明白。或许你会有这样的印象：有些人急于找到并发布一些负面的东西，而不是客观地评价或者大胆地承认别人做得好的事情。但是不要忘了，人无完人，即使某个人有一些缺陷，但其诚实和美好的部分依旧是存在的，这一点不会因为这些批判而改变，这些批判只是一些人的发泄之举。

除此之外，一项科学研究印证了之前提到的"胜利者"的案例。研究人员调查了榜样对人的影响。他们发现，自称健康和爱运动的医生的患者较少，特别是过度肥胖的病人，他们不愿意预约看病，因为他们担心过度肥胖会被人看不起，害怕被打上"懒惰"和"软弱"的标签。两位研究人员将此现象归咎于"道德绑架"，即身体健康被视为个人责任，过度肥胖意味着个人的失败。这种失败会引发个人的内疚，因为没有人希望如此。研究人员进一步分析说，一个健康的医生如果谈论他的健身计划，那么这只会加剧病人的负罪感。这有点荒谬，因为大多数病人都希望医生关注自己的健康。同样，两位研究人员发现，医生认为他们作为榜样也需要增强体能，然而这样的积极行为只会增加患者拒绝和抗拒的程度。医生本人是不是真的比过度肥胖的病人更健康，这完全不重要。只要这种指责留在了肥胖病人的心里，他就会觉得自己低人一等。其他研究也表明，不仅体格强健的医生会遭遇这种情况，素食主义者也有这样类似的经历。他们常常遭到激烈的反对，因为肉食者在他们面前会不自觉地

有道德压力，并且经常在他们面前为自己辩护。研究
人员也证实了这个现象，他们在实验中观察到，当被
试成为一个群体里唯一在道德上表现正确的人时会遭
受大量的攻击。遭到攻击的原因是他们让其他人意识
到自己的不当行为，谩骂总比承认自己失败来得容易。

　　现在诚实反被指控，因为不诚实的人太多，诚实
的人只占少数，诚实的人在道德上是优越的，这就会
引发他人的抗拒。但是，他人的缺陷不能成为隐藏自
己积极行为的理由。很难想象，如果我们总是向那些
自认其低人一等的人妥协，那么我们的世界会变成什
么样子。我们恰恰应该为善意、为正义发声。这在宏
观、微观层面都适用，比如，当讨论到所谓的低人一
等的人因为愤怒而投票给激进者的时候。也许应该让
所有有这种想法的人想象一下，如果一个人因为无法

忍受自己而屈服于诋毁他人的欲望，那么世界会是什么样子。所以人不能放弃自己诚实的品质，你可以像利物浦的拾金不昧者一样，诚实地生活在幕后，这样你就不会让自己暴露在被抗拒的压力下；或者你可以展露你的品质，在我看来这是更好的方式，因为成为更好的人没有什么可以被指责的。

但是，一个诚实的人就必须如实地告知一切吗？我认为没有人必须让自己完全"透明"，每个人都可以有小秘密。你在厕所里做什么不关乎任何人的事，你不必透露你的银行账单或者恋物癖。高度个人化的喜好可以完全由自己掌握，只要不影响到人与人之间的信任。在比较隐私的层面，成年人可以自己决定说什么，不说什么。比如，如果你和恋人已经约定彼此的恋爱关系是"开放关系"，那么在这种情况下，只要和被影响到的人谈清楚，彼此了解了自己的立场，那么其他人便无话可说，因为这是你自己的事！那些想说点什么的人一般都是诽谤者、伪君子、煽风点火的人。

　　真实有着保护我们不受骗子、欺诈者、战争鼓吹者和其他罪犯侵害的价值。最重要的是，它创造了信任，给我们的生活创造了一个宝贵的空间。在这个空间里，每个人都可以做自己，不用隐藏和害羞。只有夫妻之间、朋友之间彼此坦诚，我们才会拥有和平和自由的力量，进而从小范围再影响到其他人。

　　给你一个小建议：如果你不想回答问题，你可以告诉提问者这是非常私人的问题，这样你就可以用一个诚实的回答来保护你的秘密。

第 2 章

拥有一双看清谎言的眼睛

尽管卡特琳是一个聪明伶俐的女人，但她还是被她的丈夫和儿子的幼儿园老师骗了。

彼得在他的职场上是一位真正的专业人士，不出意外是会升职的，但是他却因无端地被怀疑泄露了公司机密而遭到解雇。

自此，两个人的生活都发生了天翻地覆的变化，然而这两个人的共同点是，他们没有注意到背后发生的秘密和阴谋。尽管两个人都是非常警觉的人，但也没有预料到事情的发生，他们经常思考，这种事怎么会发生在自己身上。到现在他们终于知道了，他们根本没有预想过自己会被背叛，没有把这种可能放在眼里，所以忽略了危险，从而承受了痛苦的结果。"忽略"肯定是某些人受骗的原因，但这不是唯一的危险，在我们的潜意识里，还有一些隐藏的东西，骗子很容易利用它们来蒙蔽我们的双眼，这就是接下来我要介绍的内容。

合法撒谎：当你只能对谎言袖手旁观时

保密会使我们合法地撒谎。要理解这种令人不安的说法，我们只需看一下法律条款。那么肯定有很多人要说了："什么，法律容忍谎言？"实际上，法律不仅容忍谎言，甚至允许它们在法庭和日常生活中出现。原因很简单，立法者已经认识到，在某些情况下提出的问题是无法回避的。因为这会让人怀疑你有什么要隐瞒的，尽管你有权不回答这个问题。例如，配偶有权利拒绝作证从而让自己的伴侣被判有罪。根据相关法律，任何人都不必自证其罪。我们现在就来看看撒谎是如何被合法的。

向法官撒谎

通过电视、互联网、报纸和小说，我们对最受欢迎的法律领域——刑法，有了一些了解。它规定了对刑事罪犯的惩罚，但令人惊讶的是，这其中也会有谎言。事实上，这通常是被明确允许的，只有在特殊情况下才会被禁止。就刑法而言，一般情况下，说谎是被允许的，除非被明确禁止，比如欺诈，任何对他人说谎从而获得经济利益的行为都是欺诈，也只有在这种情况下，谎言才会被禁止。

更令人惊讶的是关于伪造文件的法律所规定的内容。任何以假名签署文件的人都将受到惩罚，所以你不能让你的邻居替你签名。无论是谁，只要写了一份从头到尾都代表着谎言的文件，却用他自己的名字签名，那么就这份伪造的文件而言，他不会受到惩罚。因为在法律面前，这仅仅是一个书面的谎言，当事人并不会为此而受到惩罚。但是，替他人签名，即使其他一切都是真的，也会在法律上遇到很大的麻烦。

　　所以，用谎言欺骗他人的人都不必害怕法官，只要这个谎言是一个"简单"的谎言。但是如果涉及金钱，被骗的人因为谎言遭受了经济损失，那么情况就不同了，这属于我们前面提到的欺诈行为。比如，自己的伴侣出轨，对于这种在大众口中的"欺骗"，出轨一方从法律层面上来说是不会受到惩罚的。换句话说，如果只是涉及人生观、价值观，那么撒谎是被法律所允许的，但是，一旦受骗者的财产受到威胁，强大的司法部门就会用刑法来打击犯罪者。关于这一点，我不进行评判，由大家自行去判别是好还是坏。

　　我们可以更进一步地讨论法律和谎言的关系。假设某人因刑事犯罪而受审，那么这个被告就不用说实话了！因为被告被允许在德国法庭上撒谎。被告不仅可以谎话连篇，而且这些在法庭上公之于世的谎言和不实之词甚至可能不会被视为加重处罚的依据。如果被告一直撒谎到最后，还可以给他带来好处。只要法官相信被告的谎言，那么他就"做对了"，甚至最后可能被无罪释放；如果不相信，被告的刑期也不会因此而增加。

这也是刑事诉讼中被告可以将谎言视为一种辩护策略的原因。关于这一点，我不对法律框架进行评判，因为我只关心谎言和真相，而不是法律和正义。还有一个重要的原则，这个原则只适用于刑法。如果涉及就业合同、租赁协议、交通事故，那么撒谎的权利就不适用了，在这些情况下你必须说实话。适用真实性程序义务原则，就是承担不向法官或参与该程序的任何其他方撒谎的义务。如果你撒谎了，

你可能会因为欺诈而面临刑事诉讼。但是你又可以
撒谎了……

合法地向你的老板撒谎

　　大部分公司的会议室的摆设都是一样的，有一
个大桌子、几把椅子，还有柜子上陈列的产品，如
果是咨询公司，那么还有证书和奖状；如果是律所，
就还有一些法律书籍。这样的陈列毫无创意，而且
也不会让人感到舒适，这并不是令人感觉良好的氛
围。当工作面试在这样的房间里进行时，紧张的气
氛会被强化。立法者也意识到了这一点，所以宣布
求职面试中有些问题是不能问的，因为在这种环境
下，人们一边想要得到工作，一边又承受着压力，
所以很有可能会说话不谨慎。因此，关于年龄、国
籍、出身、信仰和性取向等问题是不能问的。对于

这种问题，人们可以不用拒绝回答，而是用谎言来回答。这种谎言在民法上也不会使人们受到惩罚和制裁。

如果你在工作面试中被问及你的信仰，你可以说天主教，即便你是无神论者。但是，如果你申请天主教会的工作，那么这个问题你必须如实回答，因为教会有合法的知情权。

如果你怀孕了，就更好办了。你可以对所有关于生育计划和怀孕的问题说假话，比如，"你怀孕了吗""预产期是什么时候""你能胜任工作吗"。这样的问题，你可以运用创造力来回答，不会对你有坏处。即使你可以撒谎，也不必一直撒谎，因为毕竟怀孕这样的事迟早都会被发现。我们假设你在怀孕的问题上合法地撒了谎，然后得到了这份工作，你签署了劳动合同后开始工作。但一段时间后，你的肚子开始大了起来，那么很有可能在工作的前几个月内，也就是试用期，这份劳动合同终止。不管你的雇主是什么样的人，也很少有雇主喜欢以谎言开始的工作关系，特别是当他们知道员工怀孕不得不找到一个替代者的时候。有些雇主会认为，他的财产受到了损失，进而深感愤怒，所以后果就是，他想要辞退你，注意是"想"，因为他不能这样做。立法者设立了支持孕妇的法律，根据这项法律，孕妇几乎不能被解雇。换句话说，老板虽然生气，但劳动合同仍然有效，孕妇还可以休产假和育儿假。在我的律师生涯里，大部分情况都是这样的。问题是，如果你想继续在那里工作，那么你是否有必要引起老板的愤怒。你是否需要基于一个谎言来合法地获得基本医疗，你要自己做选择。

　　在这种背景下，不管你如何评价，都可以肯定地说，在法律框架下，撒谎已被视为人类的一种社会性的、根深蒂固的特征。有人会问，为什么会这样？大概是因为人们更可能为了避免因撒谎而受到严重惩罚，比如入狱。立法者似乎意识到，就算对撒谎者进行额外地处罚，也不会改变这一点，而且他们似乎也认识到，不能出于纯粹的撒谎而将撒谎者定罪。否则，如果每个谎言都能被举报，警察、检察官和法院的精力将很快被耗尽。因此，国家作为立法者，没有去谈论对单纯的谎言进行惩罚的问题。

　　但是，如果有合法撒谎的方法，那么这对个人的工作、日常生活、人际关系意味着什么呢？

　　你无法依靠相关部门，而是必须自己动手揭穿谎言，给骗子定罪。这就违背了德国人根深蒂固地喜欢依靠更高权威（比如司法部门或雇主）来解决问题的自我认知。人们在面对他人的撒谎行为时，要么自己采取行动，揭露其不诚实的行为，要么接受谎言并忍受潜在的负面后果。把主动权掌握在自己手中，找到真相并将其公之于众揭露出别人想要隐藏的东西。本书的第二部分将讲述揭露真相的方法。

男人和女人，谁更容易撒谎

　　有没有可能从外部特征来判断你是否有高概率与骗子打交道？一个人的年龄或性别对他是否会遇到骗子有影响吗？或者具体来说，谁更容易撒谎，是男人还是女人，是老人还是年轻人？有没有可能从一个人的性别和年龄看出他们说谎的可能性有多大？柏林马克斯－普朗克人类发展研究所与以色列理工学院一起对人们不诚实的心理进行了元分析。这项研究调查了 44 000 名被试。研究发现，男性撒谎者比女性撒谎者的数量更多，年轻人比老年人更经常撒谎，而且谎言与各自的成长环境有关。**人们用无数个谎言来摆脱复杂的情况，或者出于恐惧和软弱，而不能勇敢站出来。**

面对谎言，人们认为，除了自己，某些人应该受到指责。所以，被抓到的骗子不会承认自己的谎言，他们只是为了让事情看起来过得去而对别人撒谎，或者认为对方不值得自己说实话。

通过这项研究我们能够得出以下结论：如果老年

男子处于不得不承认自己错误的情况下，那么他们更有可能说谎，或者真相会迫使他们采取一些令他人不能接受的行为。所以我们可以有把握地说，这种类型的撒谎者是出于无能和软弱而撒谎。显然，对这些人来说，避免名誉和自身地位的损失比真相更重要。在这一点上，我必须说清楚，并不是所有年长的人都经常撒谎，只是他们比其他人更有可能撒谎。保持警惕对于那些说谎概率较高的人，我们应该比平时更加小心，以免上当受骗。

情绪代替事实

我们总在电视上看到政治家们进行着激烈的唇枪舌剑，最后好人总能赢，因为他拿出了最好的事实依据，然后我们脑海里留下了这种印象：唯有事实能够令人信服。所以我们会觉得，在客观上拥有更具说服力论点的人将是胜利者。可惜现实中并非如此。现实中，用能够煽动情绪的不客观、不理性的依据的人会赢得胜利。使用这种策略的政治家通常被称为民粹主义者，因为他们的解释简单且带有偏见。这是我们都非常乐意相信的原因，因为它简单，让我们感到舒服。那些只为了口舌之争的人，就显得不是很有利了。对真理的探索也是如此，我们应该记住隐藏在潜意识深处的"绊脚石"，它们使我们原本清晰的视野变得扭曲，把我们引入歧途，导致我们看不到真相，或者认为那些真相只是无稽之谈。

　　例如，当我们将某一图像与某一事物联系起来时，我们的潜意识会将该图像的特征转移到另一个环境中，但我们不会检查这个图像是否与情境相匹配。相反，我们的潜意识认同了画面的属性，进而被情绪化了。一个典型的例子是，如果你经常在电视机前吃饭，那么你在看电视时会自动产生饥饿感。也就是说，你的大脑将看电视与吃饭这件事联系起来，并在你一打开电视时就向你发出应该吃饭的信号。

　　偏见也是如此。我们常见的偏见的范围很广泛，比如，"波兰人都是小偷""意大利人都很懒""只有装腔作势的人和骗子才会去露天游泳池"（说这种话的人大概是在十几岁的时候被游泳的人抢走了女朋友）及"男人都会出轨"等。这样的偏见肯定很多人都遇到过，因为这些很普遍。每个人都有自己的偏见，这种偏见对我们看清真相有很大的影响，尤其是当你不再注意到它们的时候。所以，让我们看清情绪背后的个人偏见，保持清醒的头脑。

如何看清本质，不再雾里看花

电视里大多数故事的结局都是完美的，即真相水落石出、罪犯被抓、不忠的伴侣受到惩罚、阴谋被揭露。至少在屏幕上，好人总会胜利。但是在生活中，我们却不能依靠一个揭露真相的编剧。因此，如果我们想知道别人对我们隐瞒了什么，我们就必须自己采取行动，因为对事物有了清晰的认识才有成功的可能。在此过程中，我们常常由于自身的不足而相信脑海里的某个画，进而使我们误入歧途。

这样的画面是怎样产生的呢？主要的影响因素是你看到的外部因素：年龄、性别甚至是出身。这些因素其实的确都曾对过去的一些事产生过影响，但几乎不应作为考量当下或未来某人、某事的主要因素，外部因素仅仅是外部因素本身而已。

　　以世界上其他国家的人对我们德国人的印象为例。我们德国人往往被认为是可靠的、勤奋的和没有幽默感的。尽管如此，或者也许正因为如此，英国电视台BBC 在 2013 年对全世界的 26 000 人进行的一项研究调查中，德国还是被选为最受欢迎的国家。

　　我们该如何看待这件事？如果德国人受欢迎，那么有些坏蛋也能从中受益，比如，一个品行不良的德国人也可以因为他的护照而被看作好人。然而，这个所谓的可靠的德国人也许会家暴，不工作，更喜欢喝啤酒和看足球。但人们仍会先入为主地认为，德国人都是好的，这是为什么呢？

　　在故有认知下，偏见胜过真相。也就是说，人们首先会对自己的认知做出反应，而不是对事实做出反应。**人们将自己的感受代替了事实，认为只有自己"经历"过的、自己"认为的"才可能是真实的。**即使真相是另一个，我们自己的看法是错误的，我们也会坚持这一点。

　　一个小例子：想象一下，你被邀请入住一家五星级酒店。在经历了漫长的旅程后，你洗了个澡，穿上了酒店的浴袍、拖鞋。如果这时酒店的员工告诉你，曾经一个以斩首批评者而闻名的国家暴君穿过这件浴袍，你会有什么感觉？或者，如果你得知警察曾在这间房的床上制服和逮捕了一名令人闻风丧胆的恐怖分子，你会有什么感觉？

大多数人肯定会觉得厌恶然后脱下浴袍，毕竟它接触到了皮肤，就如同很少有人愿意睡在还有谋杀犯头发的枕头上。即使浴袍已经被洗过了，床垫也被换过了。

所以说，认知优先于真理。美国研究人员在一项实验中发现了这一现象。一些人给自己射击目标贴上了自己母亲的照片，另一些人则没有贴照片。没有贴照片的人命中率更高，而贴了照片的人受到了照片的阻碍。然而，当我们用一个不那么讨人喜欢的人的照片再次重复这个实验时发现（当然不是让参与者瞄准其岳母的照片，而是一幅阿道夫·希特勒的画像）有了这张照片，命中率显著提高。显然，对目标的评价会影响最终的结果。

这个效果反过来也成立。我们不只拒绝与我们认为的坏的事物接触，还会积极寻求与好的事物接触。找房子的人不愿意搬进曾经有人过世的房间，因此，在这种情况下，中介甚至房东可能都不会提起这件事。而诸如"某著名运动员以前住过这里"之类的信息则可以大大加快销售速度。另外，公司喜欢租用前租户是成功公司的办公室，因为他们希望能从其成功的经历中获得积极的力量，促进他们成功。然而，在寻求真理的过程中，最好是把自己从这种观念中释放出来。

潜意识的作用很强大。但是还有另一个陷阱，我们有时甚至故意混淆认知和真理。我在一个私人聚会上经历了这个陷阱。主人邀请了八个人吃饭，其中有七个人已经坐在桌子旁，其中一个被邀请者没有准时出现，半个小时后他还没来，主人有点不高兴，决定开席。理所当然的，众人的谈话围绕着缺席者展开了。缺席是一种无礼的行为，尤其是当别人邀请你赴宴的时候，这会被视为一种不尊重他人的行为。但是在场的人都没有想到，也许缺席者只是被某事耽搁了，这并不是他的错，也许他发生了意外。相反，人们总是假定缺席者自己负有责任，所以应该受到指责。美国研究人员李·罗斯（Lee Ross）发现了一种现象，即我们认为内部因素是他人行为的触发因素，所以我们总是假设他人对自己的生活有着充分的控制。尽管我们通过自己的经验也能明白，这往往只是一种美好的幻想。

因为我们错误地认为每个人都可以控制自己的生活，所以我们认为每一个行动的背后都有一个意图。

我们不再关注某些事情是由于外部影响而造成的事实。这一现象在法庭上也很常见。在法庭上，被判有罪似乎很快成了定局，律师的辩论、被告的理由被匆忙地当作借口驳回。当认知代替真理占据主导时，很容易导致不公正的结果。但正义只能建立在真理的基础上！同样，在工作中，以"公交晚点"为借口就显得不靠谱，因为人们认为迟到的人只能怪自己，也许他真的错过了公交，但公交也只是一个借口。

李·罗斯通过实验还发现，即使我们知道某些人根本无法对事情产生影响，我们仍然会责怪他们，因为我们是有意识这样做的！

那么现在应该怎么做呢？如果你注意到某些事情正在失控，你就应该开始记录正在发生的事情。换句话说，收集你可以自证清白的证据，以防别人看不到真相或者不愿意看到真相。这样，以后你就可以拿出令人信服的证据，表示你并没有过错。顺便说一下，我们之前的例子中那位迟到的客人就是这样做的。他被困在高速公路上，一场毁灭性的交通事故后道路被完全封闭，不得不等待消防队和警察进行分流管制。另外，他的新手机里还没有来得及储存邀请者的号码，所以无法打电话。然而，他给我们展示了堵车的照片，以"证明"迟到不是他的错。结果当然是他被"无罪释放"，同桌的其他人都对这位迟到的客人感到愧疚。

在下一次晚餐邀请中，类似的情况可能会再次出现。那时人们的反应会不会有所不同？会不会因为有了上一次的经验而减少认知的投射？可能会，但也可能不会，因为人是习惯的产物。即使我们有了之前的经验，感知和真理也可能需要很长时间才能统一。 因此，你应该时刻关注你的认知，而不仅仅是真相。

让我们继续谈谈认知。我认为一个人的认知在寻求真理的过程中是非常关键的。关注自己的认知，因为它可以非常准确地告诉我们，"我们到底是谁"。我们的内心在潜意识中控制着我们的认知，并在几秒钟内做出评价。如果你了解了这个评价机制，你就能了解自己。这很重要，因为最终你会发现你的个人评价是对事实的歪曲。这种歪曲是因为你的个人偏好、愿望、恐惧和感觉在下意识地影响着你的每一次评价，所以很容易把你引入歧途，正如下面这个例子所展示的。

一位客户委托我帮助他的公司推进企业社会责任（CSR）项目。CSR 意味着公司正视自身的社会责任，承担公益任务。这类公司不认为自己对社会的责任可以通过缴纳税款来解决，而是必须积极参与项目，甚至自己设立项目。那天我正和一位之前一起参加了邻镇会议的同事共同前往客户公司。我们在客户公司停车场找到了车位。下车时，一支警察巡逻队在我们的车后停下。两名警官下了车，走到我们面前问道："你好，这是你的车吗？"我说："是的。""我想看看你们的汽车证件和驾照。"于是我把证件给了他们，然后表明我们还有会，不想迟到。我要求快一点处理，并询问了检查的原因。我的同事站在一旁，情绪有些激动。他握紧拳头，并带有攻击性地看着警察。这一过程进行了 2 分钟，我拿回了我的驾照和汽车证件，向大楼的入口走去。这次检查纯粹是例行公事，因为最近有许多我驾驶的这种型号的车辆在此处被盗。当我们走到大门口时，我注意到我的同事还在生气，他像个固执的孩子一样在我身边跺脚。进入大楼后，前台的女士打量了我们一下，非常仔细地查看了我们是否真的与董事会有约，并在通过电话确认后，请我们坐下来，等人来接我们。当行政助理来到楼下时，前台的女士站起来，走到她面前，低声地说了一些关于我们的事情，这很容易从两位女士同时看向我们的行为中判断出来。随后她又坐了下来，目光一秒钟也没有离开我们。然而，她不知道的是，这位助理是我在一所传媒学院工作时的一名学生的母亲，我们认识。这就是为什么她马上问我在停车场怎么了，但她并没有问发生了什么事，只是说："警察有什么问题吗？"我告诉她是例行检查，整个过程只用了不到两分钟。由于她了解我的为人（以及我对真相的热爱），所以微微一笑说道："那看来我们应该让维尔纳夫人解除警报了，因为她把你们俩当成了罪犯，还提醒我，'还是小心一点好，警察追赶他们，还把他们从车里拉出来肯定是有原因的，而且他们中有一个人还很愤怒。'"我笑出了声。

这个例子清楚地展示了真相与认知的区别。真相是这只是警方的例行检查，但接待员的认知不同。她看到一辆警车在追赶我们，我们被警方控制下了车，而我那愤怒的同事在她看来一定犯了什么事。实际上，我的同事只是曾因为闯红灯丢掉了驾照而对执法者有怒气，但是实际上凌晨的十字路口是可以通行的，巡逻队发现他后却仍扣下了他的驾照。所以从那时起，他就对交警过敏，一看到制服就生气。但前台的女士并不知道这一点，而是相信自己的眼睛。后来我才知道，她喜欢看犯罪小说，因为自己曾经是抢劫案的受害者，所以对事情的看法有所不同。她的经历影响了她对人事物的评价。在这种情况下，她很容易扭曲事实。那么你呢？你有什么偏见吗？主动探寻是找到真相的关键。

保护自己不受认知偏见的影响是 Bacon® 方法中重要的一部分，本书的第二部分会详细介绍。该方法旨在在寻找真相的过程中，不仅要探寻目标，还要提高对自我意识。我们常常将自我意识和自信心混淆，因为我们认为有自信的人都是有很强的自我意识的。这种对自我的偏见的认识以及对可能的意识形态和潜意识机制的认识，给了人们寻求真理所必需的清晰的视野，因为人们看到了事物的真实面貌，而不是想象中或者潜意识中被歪曲的事实。这种纯粹的、没有经过美化的看法是识别真理和谎言的基本前提。它打开了你的眼界，让你看到本质，帮助你更好地去理解人事物。

要了解你自己是否存在阻碍你的视野和扭曲你的感知的偏见，以及它们可能是什么类型的偏见，请花点时间安静地问自己以下三个问题。

- 在我的童年／生活／经历中，是否有什么东西是我不愿意记住的？
- 这种经历是否与某些人或一群人有关？
- 当我遇到类似的人时，会发生什么？我是否会抗拒这些人？

如果你对最后一个问题的回答是肯定的，那么你肯定有偏见，这种偏见可能会阻碍你对真理的探索。注意是可能会，但不绝对。因为如果你意识到这个偏见，并且把它排除在寻求真理之外，那么你还是会有一个清晰的头脑的。你可以对出现的任何记忆提出上述三个问题，从而尽可能多地发现潜意识中的预设。

影响我们的不仅仅是偏见或随之而来的认知扭曲，潜意识中存储的其他属性也会影响我们的看法。广告商甚至使用它来将这些属性加到他们的产品上来提高买家的评价。所以我们体验到了"驾驶的乐趣"，喝到了"香气扑鼻的咖啡"（而不是咖啡因），或者"像巴伐利亚一样的啤酒"。这些都不是产品的原始属性，而是产品与人们潜意识中存储的情绪之间的联系。广告形象与这种情绪联系在一起，这种情绪已经被我们储存在了潜意识中，在下次购买时会回忆起来。如果你正在寻找一辆有趣的汽车，那么你肯定会先寻找驾驶的乐趣。这个小例子绝不是要贬低产品，而是为了表明我们在决策过程中非常容易出错。

所以，**了解这些隐藏的决策过程是非常重要的。因为只有这样，你才能更好地预测他人的决定，更好地评价他人。**当你成为潜意识的受害者的时候，你能很快意识到它掩盖了真相。

如何不被人类大脑的黑客操纵

你有没有做过一件事，事后你也不知道为什么要这样做。那么，是不是你的思想被操控了？我说的不是科幻小说中运用机器来操纵他人的思想，或者人们被无意识地催眠，变得没有意志力的情景。我说的是社会工程学，人类黑客可以利用社会工程学技巧让其他人做他们本来没有打算做的事情。人类黑客的行为是一种欺骗技术，或者像有些人说的那样，是完美的谎言。当然，人们在日常生活中基本不会遭到人类黑客的攻击，但潜在的机制可能会让人看不清真相。这种机制会使我们产生错误的感知和评价。这要归咎于我们的潜意识及其原始的功能。**如果你想明白别人的谎言，最好先知道自己的大脑在想什么。**我们的心理、感觉、本能会悄悄地在评估中起作用。本能不仅帮助我们在极端情况下生存，也会让我们做一些我们认为是绝对错误的事情。致命的是，我们的本能、感觉和心理一样，隐藏在潜意识中，支配着我们的决定。人类对于大脑的研究已经证明了这一点。过去，人们常常希望说服他人；现在，人们利用潜意识来达到目的。一些犯罪分子也会利用这一点，比如，在一些所谓的"老年骗局"里，犯罪分子会假扮成警察来实施诈骗。这些骗法一再奏效是因为在我们的潜意识里，警察是我们的朋友和帮手，他们是好人，我们能信任他们。但是这种技术有两面性，就像一把刀，你可以用它来切面包，也可以用它来杀人。你可以运用这种技术来操纵他人或者利用机制来了解自己和寻找真相。也就是说，社会工程学既是获取社会情报的工具，又是寻求真理所迫切需要的技术。

在社会工程学中，我们的潜意识是关键。人类很少根据事实做决定，而是根据情感做决定。这是由于我们的大脑非常不愿意进行有意识地思考，所以为了节省能量，大多数思维过程都是自动进行的。如果用数字表示，人类每秒可以接收 11 000 000 比特的数字信号，但是大脑有意识地处理的数字信号只有每秒 40~50 比特。其余的数字信号都是大脑无意识运行的结果，因此不会被发现。如果你想了解真相，或者你想作为社会工程师用你的论点说服他人，那么你就应该更多地关注人们的潜意识，因为潜意识的作用更大。同样，根据大数定律，如果以大数量为目标，你将获得更多的统计数据。这里的大数是在（情感）潜意识中，而不是在理性意识中。因为即使在某个时刻我们从树上爬下来，在草原上直立行走，我们的基因中仍然有两个程序在激发着我们的每一个行动，即生存和繁衍，它们是我们最原始的本能。

用现在的话来说，它们就是驱动软件，像电脑一样，主要在后台运行。我们在显示器上看到的是这个不断工作的软件的产物。也就是说，谁知道软件如何工作，谁就能控制结果，控制显示器上显示的内容。这正是每天发生数百万次的事情。

理论就说这么多了，但是在日常生活中，这又会是怎样的呢？

让大脑"自由"的技巧

老板想看新的 PPT，与客户的会议即将到来，孩子们必须被送到学校或幼儿园，冰箱也需要添货、婆婆和她的腊肠犬要来过周末、客人的床单还得从地下室里拿出来。于是，你头痛欲裂，筋疲力尽。

不难想象，在这种情况下，人们更容易忽视一些东西，从而使骗子更容易得手。所以要保持头脑清醒，充分利用大脑资源。在你开始说服他人或去寻找真理之前，你应该先理清自己的思路，摆脱那些给你带来负担的压力。如今，大多数压力的产生是因为我们总觉得我们还有很多事情要做。当然，也有全能型的人对此不屑一顾。以计算机为例，我们能同时打开多少个窗口取决于计算机的硬件和内存。所以，多任务处理是关键，关于这一点，研究人员有一些发现。

由大卫·M.桑本松（David M.Sanbonmatsu）领导的犹他大学的研究人员发现，迄今为止，不论男女，人类的多任务处理能力被大大高估。他们在研究中还注意到，恰恰是那些最没有能力这样做的人，在同一时间给自己安排了很多任务。即使他们没有足够的进行多任务处理的能力，人们还是喜欢高估自己。我们可以很容易计算出人们在执行多任务时，有多容易犯错。所以，在我们探查谎言的时候，同时进行多任务处理并不是好的解决办法。要想集中精力探寻真相，你需要一个清晰的头脑。

早在 1927 年，心理学家布利尤马·泽加尼克（Bljuma Zeigarnik）在柏林的一项研究表明，我们对未完成的任务的记忆要好于已完成的任务，换句话说，已完成的任务会被遗忘，而我们会一直记挂着未完成的任务。这是否意味着你总是要把所有事情都做完，才能真正理清头绪？但这几乎是不可能的，你会不断地接到任务，不断地处理事情。就算空闲下来，你也会看你手机上的脸书。

美国研究人员罗伊·鲍迈斯特（Roy Baumeister）并不认可这个研究结果。于是他着手寻找把未完成的任务从脑海里解除，让自己投入其他思考中去的方法。实验中，他将参与者分为三组。所有参与者在接下来的三个月里都面临着一场难度很高的考试。换句话说，他们都有很多事情要做，脑子里充满了在可预见的未来对他们来说很重要的事情。实验中，鲍迈斯特要求第一组人回想他们近期的派对，第二组人集中精力准备考试，第三组人同样要集中精力准备考试，同时还需要制订一个明确的计划，说明他们具体的准备工作。最后来看看所有参与者到底在想什么。

第一组成员心里都想着聚会，没有人关心考试，他们的注意力被转移了。第二组成员只想着考试。第三组成员也没有考虑即将到来的考试，他们只是在备考计划中描绘了对考试的想法，和第一组成员一样，他们有着清醒的头脑。

有两种方法可以使你的头脑清醒。第一种，摆脱一切困扰你的东西。如果这很难，就想一想已经付诸行动的部分，这可以让你转移注意力。我总是在散步的时候这样做，很有效果。第二种，为任务制订计划，最好把关键词写下来，你的计划可以消除压力和紧张感。如果你暂时不能去散步，或者你想不起过去的事情，那么这种方法就很适用。随后你的头脑就清醒了，所有的脑细胞又可供使用了，骗子也就没那么容易得手了。

恐惧吞噬灵魂，焦虑导致盲目

一个人的财政状况很容易控制其想法。由普林斯顿大学心理学家艾尔达·沙菲尔（Eldar Shafir）领导的一个团队发现了财务危机是如何影响人类大脑的表现的。研究人员证明那些处于财务困境中的人会因为担心而损耗脑力，从而使注意力降低，造成错误的后果。危机时刻能否激发人的潜能？或许有这样的可能性。但是大多数情况是，由于危机而产生的解决方案都是昙花一现，从长远来看，后果更糟。

研究人员以新泽西州一个购物中心大约 100 名游客为测试对象。他们的家庭年平均收入为 7 万美元，最低年收入为 2 万美元。研究人员选择的测试对象中没有特别贫困的，而是能够代表广泛收入水平的人。研究人员将参与者分为两组，所有人都要假设自己有某种财务问题。两组人都面临着同样的情况，例如，他们的车坏了，不得不考虑如何能筹集到维修资金。唯一的区别是钱的金额。一组只需要支付 150 美元，而另一组需要支付 1 500 美元。

参与者不用着急，可以慢慢寻找解决资金的方案。研究人员的目的是让参与者把自己所有的财务问题都纳入考量中。这样的场景设置会让参与者意识到自己的财务危机。结果很明显，那些有更多资金问题需要解决的人因为注意力不集中在随后的智力测试中表现得更差。可见财务问题是如此贪婪地吞噬着他们的大脑。

因此，当他人真的因为财务问题而变得"愚蠢"时，那些散布谎言的人就会更容易得逞。想象一下，在一个国家或者一家公司，所有人都天天操心钱怎么维持到下个月。他们可能有一份薪水不足以维持生活的工作，老年生活也可能会因为退休金太少而变得很紧张。你认为可以把什么观念强加给这些人，才能更好地控制和管理他们？例如，如果一个国家的政府还要通过财政补贴（如失业救济金）来满足国民的基本生活，那么人们不仅会因为经济困难而变得"更笨"，而且还会变得过度依赖政府。

在一个长久的危机时期，比如，欧元危机、金融危机，或者是目前的新冠疫情，受其影响，人们非常担心自己是否有足够的钱。最好不要在政治辩论中呼吁更多的财政支持，而是争取建立一个"每个人都是自己人生的主人"的社会。所以我们要做的就是认识到恐惧与焦虑对大脑的影响的存在，即使面临经济上的困难，也要想办法克服，让自己在寻找真相的过程中保持头脑清醒。

化学反应：和詹姆斯·邦德一起喝杯咖啡

化学品可以使我们的视力逐渐模糊。人们在喝多了酒或吸食毒品之后会产生一些化学反应，而且我们并不会察觉到某种东西在我们脑子里作祟。如果我们饮酒或吸食违禁品，我们就可能让"直觉"来欺骗我们。

就像老牌特工电影《007》中所描述的：情报机构使用化学手段让敌对特工做违背自己信念的事情，吐露秘密甚至背叛。

化学手段影响的不仅仅是情报机构，还有我们的日常生活。比如，百货公司、超市的香味会让我们更想购买。旅行社里有海风的味道，面包店里有杏仁牛角面包的味道。令人愉悦的香味会起到积极的作用，使商品、销售人员看起来更美好。如果花市散发出浓郁的鲜花味道——这不仅是鲜花本身的味道，而且通常还有香味剂，买家就会觉得这里出售的是健康植物。

买家还会觉得，只有卖家很喜欢植物，才能做到这一点。除非带着防毒面具去购物，不受气味的影响，否则很难抵御这些无意识的影响，但这并不是一个合适的解决办法。

然而，我们可以抵御的是一种叫作 3- 甲基黄嘌呤的物质。美国研究人员皮尔·马丁（Pearl Martin）在测试对象身上测试了这种物质。她把测试对象分成两组，让其中一组喝下混合在橙汁中的无味的物质。另一组则喝普通的橙汁。之后，所有测试者都阅读包含有争议性论点的文章，然后发表观点。那些喝"混合"果汁的人相信这些论点的可能性要比另外一组高出 35%。换句话说，这种物质操纵着我们的决定，我们更容易被骗和被操纵。

或许到现在你还没有对这种物质的存在感到惊讶，但是，你会惊讶于它的易用性以及它在日常生活中的常见程度。这种 3- 甲基黄嘌呤在超市货架上和餐馆里随处可见。它的商品名字更为人熟知：咖啡因，一种很有用的成分。

说到效果，究竟需要多少咖啡因才会产生影响？对于不常喝咖啡的人来说，大约需要两杯浓咖啡的量。与酒精类似，习惯化效应会延迟，所以经常喝咖啡的人需要更多量的咖啡。这就能解释为什么人们在第一次约会时会被邀请出去喝咖啡，单身人士为什么更喜欢喝咖啡，因为它是有作用的。因此，为了看清真相，在谈话前或谈话中不喝咖啡是有一定道理的。

在你害怕被操控然后要放弃心爱的咖啡之前，我要告诉你一个好消息：波鸿鲁尔大学的德国研究人员已经更准确地分析了这方面的影响——这是一个非常积极的影响。在实验中，所有参与者都要在屏幕上尽可能快速、正确地区分由五个字母组成的不同德语单词和同样长但拼写错误的单词。结果是，虽然喝咖啡的人比不喝咖啡的人对错误概念的理解是一样的，但他们能更快、更准确地识别出拼写正确的单词。

研究人员将其归因于咖啡因对大脑皮层的影响以及幸福激素多巴胺的释放。与不喝咖啡的人相比，喝咖啡的人有更好的感知能力。他们能更清楚地看到事物积极的一面，所以对待这个世界往往更加热情。咖啡爱好者可以在不喝酒的情况下喝出一个"美好世界"。

　　这意味着什么呢？一方面，咖啡让你更容易相信别人说的话；另一方面，在咖啡因的作用下，人脑会更好地识别事物积极的一面，因此你对事物的感知比原来没喝咖啡前更积极。所以，当你喝咖啡的时候，最好不要做决定，因为你会很容易同意。然而第二天，你的世界看起来就不一样了，谎言也会减少。重要的是，不要让自己被迫在喝咖啡时做出决定。

第二部分

好饵能诱鼠——BACON® 法

第 3 章

成为人形测谎仪

如果想知道别人在隐藏什么，肢体语言是一个非常重要的指示。但这个领域里充满了神话和假话，人们在寻找真理的过程中很容易得到错误的结论。肢体语言是 BACON® 法中的一个重要部分。因此，在开始解读肢体语言以了解他人隐藏什么之前，我们需要先了解环境，也需要先了解自我。读完这本书后，你就是测谎者，就是"谎言侦探"，你必须中立地进行评价。真相不关乎情绪，只关乎事实。然而，正如本书第一部分所描述的，人类倾向于将感知与真相混淆，也就是将其潜意识的情绪和我们自己的评价当作"真相"，但这样的"真相"并不一定是真实的。只按照自己观点行事的人，往往会忽略现实，导致错误、不公正的结果。指责他人说谎的人都必须给出充分的理由和证据。研究人员弗朗茨·贝里斯韦尔（Franz Baeriswyl）、凯·马兹（Kai Maaz）和乌尔里奇·特劳特温（Ulrich Trautwein）已经证明，人们很容易落入感知陷阱中。比如，一些教师在给学生打分时，更多依据的是学生的家庭背景而不是成绩。在这项研究中，我们清楚地看到，教师并未客观地打分，而是考虑到了与成绩无关的因素。

很明显，即使是受过教育的教师也会被自己的偏见所迷惑。不仅是教师，法官、企业家等都可能用偏见做出判断，我们所有人都不例外。对于寻求真相来说，这种偏见是毒药。

如果你是一名教师，此刻读到这里觉得自己被冒犯了，在想要扔掉这本书之前，不妨先看一下下面这个研究。在教育界有争议的教育研究员汉斯·布鲁格尔曼（Hans Brügelmann）早在 2006 年就讨论了等级评估的问题。他得出的结论是，没有经验证据表明成绩是客观的，独立于人之外的。这个结论是怎么得出的呢？教师是人，他们会犯错，但不是有意地，而是因为他们和所有其他人一样，掉入了大脑潜意识的陷阱中，这个过程会影响评估，因此有出错的风险。BACON® 法试图通过一个简单、有效的技巧准确地消除这个错误。用户会意识到这些潜意识机制，并通过肢体语言来分析、评估。你可以把潜意识机制想象成一个戏剧舞台。幕布还没打开，一位主持人正在幕布前的舞台上讲话。虽然你听到了他的话，但今晚真正的重头戏在幕后，所以你等待着帷幕被拉开。如果帷幕不开，你就很难评判剧目。而 BACON® 法就是揭开帷幕的方法。看一下是什么在影响你的潜意识，把它找出来，这样你就不会因为偏见而做出错误的评价。在本书的第 5 章中有一个测试，你会通过这个测试发现潜意识层面的东西，从而发现你的基线。BACON® 法中的 BA 指的是英文单词 Baseline，CON 指的是英文单词 Context，即调查一个人的基本情况和背景。在我的培训课程中，我们使用测谎仪对参与者进行测试，随后根据他们的回答来确定基线，以便参与者更准确地知道他们是谁以及他们的真实情况。欲了解更多信息，请访问我的主页。

小心那些教导人们更有"说服力"的"演员"和骗子

如今人与人之间不停歇的竞争让骗子的技术不断提高。使用一些小伎俩，通过巧妙地向对手撒谎（比如在工作中）可以创造出优势来达到某种目的。又或者欺骗你的意中人，让他／她变成你的伴侣。或许你不由自主地说："一直都是这样——人们总是撒谎，这有什么新鲜的？"实际上，前半句话是正确的，人们的确总在撒谎。与过去相比，有些东西已经以一种令人恐惧的方式发生了变化。谎言的质量和使用方式已经具备了专业特征。这是真正意义上的专业，因为有的教练会教他们的客户如何使用他们的身体语言，让身体语言产生更多的效果，变得更有说服力。我喜欢称这些教练为"演员"，就是那些利用个人资源让别人做他们可能不愿意做的事情，进而操纵别人的人。

有了这样专业的操作，人们甚至觉察不到谎言，因为这些谎言已经被专业人士用巧妙的肢体语言和训练有素的话术进行了包装。因此，在这本书中，我还将揭示专业人士的骗术，以便使你不再受骗。我将教会你一个工具，通过练习，它将帮助你把更多的诚实氛围带入你的生活，即使面对专业、训练有素的专业人士也不会落入下风。根据前文所述，你已经知道了可以在何时何地撒谎。有些谎言是受法律保护的，可以说是合法的谎言。这让你有机会根据你的需要来决定是否表现得诚实。除此之外，你还知道怎样避免背叛和遭受不公平的待遇。你会发现你不必为了得到好的结果而撒谎。你要先了解他人说谎的原因，并且接受他人总是会撒谎的事实，除非你能强迫他们说真话。

群体和紧张情绪会影响你的判断

当事情变得浅显的时候，骗子会很开心。他们常会狡猾地运用偏见，特别是所谓的民粹主义者特别喜欢这样做。他们先简化原本复杂的事实，再用假的信息去替换它。对很多人来说，这听起来很可信，因为整件事太简单了。当一件事不需要人考虑很久的时候，那么它就只能是事实。对此，有人一定想大声反驳："这是胡说八道！"但不幸的是这种骗局确实能给民粹主义者带来很好的效果，因为谎言代替了可验证的事实，这就是为什么在寻找真理之前要先消除偏见。我只想再次强调，像"我完全没办法在这个人面前表现自己"这样的想法是一种在寻找真理过程中的致命错误。表现出来什么样并不重要，重要的是真相是什么。

让我们把目光转向另一种有害的认知扭曲——思维错误。当然，还有其他因素可以扭曲人们对事情的认知。对于人格障碍或者其他疾病，人们最好去看医生，而不是去书店。幸运的是，患精神类疾病的人比我们想象的要少得多。（或者我们可能被骗了？）

假设你是个健康的人，我想先从基于思维错误所产生的偏见和幻想开始。我想告诉你如何保护自己免受这些被扭曲的认知的伤害。这是一种简单、有效的保护措施，即人们必须先认识到思维错误，并且承认自己也可能犯这种错误，然后在此基础上去查明真相。这听起来很复杂，但只要稍加练习，就可以很快成功。

思维错误是在导致认知扭曲的过程中无意识地产生的。顺便说一句，这和人的智商无关，这样的过程发生在所有人的身上，包括聪明人。

　　思维错误的典型例子是团体迷思现象——集体思维。聪明人会做出糟糕的或者不切实际的决定，那是因为他们迎合了某类群体的预期意见。这在寻求真理的过程中是很危险的，因为不切实际的假设会产生误导。比如，如果你身边的人相信人类不是进化而来的，而是由外星人创造的［比如，埃利希·冯·丹尼肯关于远古外星人的主张和他的著作《回忆未来》（*Erinnerungen an die Zukunft*）］，那么当你看到考古文物时会更多地将其与外星生物联系起来，而不会想起古代灿烂的文化。如果在这之后你还在 Youtube 网站上看到了一些所谓的专家的视频，那就更危险了。

　　寻找真相的人需要首先知道自己是谁，是什么造就了现在的你或者说自己处于什么舆论环境中。试着不去相信周围人类似"所有人的想法都是错的"这样的言论和假设，而是寻找可以证明的事实。若要反驳上面的说法，只要找到一个想法正确的人就已经足够了。我们要认识到这句话的真面目：只是一种笼统的意见，经不起有充分根据的事实的推敲，因此它就不是真相。

另一种认知扭曲潜伏在人们的日常生活中，这种扭曲就是注意力过度紧张。或许你只是太忙了，忙到没法头脑清醒地去思考，没法探寻到真相的踪迹。当你意识到这一点时，就应该给头脑减负，如此才能清醒地去思考。所以，你可以尝试本书第二章描述的让大脑"自由"的技巧。

　　这种技巧同样适用于偏见，你要承认自己可能有偏见。在寻求真相的过程中要注意自己有没有在没有相应证据的支撑下就做出简单的假设。这种假设可能就是偏见。每个人都有偏见，这些偏见也都是思维错误所导致的。因此，当人们发现自己犯错时，不必为此感到羞耻，这是完全正常的，也是可以被理解的，重要的是能够发现这种错误，不让真相被隐藏。

假新闻遍天下，我们究竟还可以相信什么

　　互联网上充斥着假新闻。《杜登德语大词典》中对假新闻的解释是："以操纵意图传播的虚假报道。"散播假新闻大多是为了获得选票或者为了得到理想的政治舆论。这通常是一种严重的煽动行为。但是当人们

不想被欺骗，想知道真相的时候，该怎么办呢？

假新闻起效的首要前提是人们从特定来源获取信息且不加验证地相信它。人们只是相信，但并没有真正理解。日常生活中，常常有人告诉你一些信息，这时候你会根据对那个人的印象，甚至是那个人的身体特征、气味、行为来判断那个人是否可靠。但这在网络世界中是行不通的。

网络适用其他的标准，以下现实但可悲的例子可以证明这一点。常常有人在网络上指控他人，而这种指控大多是关于强奸和性虐待这两种令人发指的罪行的。但这些指控是真实的吗，还是只是挑唆？我们怎么来确定它是否真实？我们可以默认每个人都随身带着智能手机这个事实。我们可以用手机拍摄犯罪现场，然后把它们发布到网上去获取关注。若某家社交媒体发布的视频与我们拍摄的不符，我们就会抱着怀疑的态度，仔细寻找源头。我可能会问，这是谁报道的，想传播什么观点，基于什么事实。为此我会查看这家社交媒体的资料及其发布的其他帖子。如果一个经常发布仇外情绪的帖子的人突然声称他看到了一个没有任何犯罪记录的人犯罪了，那我就会怀疑这件事的真实性。犯罪行为的受害者或者旁观证人应该会报警，特别是在强奸和性骚扰这种重大犯罪发生时。公众从来不会真正忽视此类罪行，这就是为什么一般来说除了证人还有其他的证据来源。但重要的是信息的可信度如何，它展现的是真实的证据还是个人偏见。最重要的问题是，谁在报道这件事，用什么方式报道的？而如果关于某个犯罪事实没有报道，那么疑虑就更大了。这个例子也很好地说明了为什么假新闻会起作用，因为我们愿意相信它。

　　一个小村子有三个候选人要参与市长选举，其中一个是前任市长。选举前不久，脸书上出现了一条消息，称前任市长已经暗中批准将一个大型垃圾场搬到村里来。这样一来，那个因为在联赛里获胜而成为村民骄傲的足球俱乐部就要放弃一块地盘。垃圾的恶臭会弥漫在足球场上空，也会弥漫在整个村子里。这个社交媒体上的报道当然是假的，完全是弥天大谎。但是报道里提到了市长的采访，他在采访中说，"大家以后最好别制造塑料垃圾，不然会带来危害，我们（村民）要回收。"市长和其党派否认了这个报道，并指出按照现行法律，这种指令不会生效，因为市长没有资格，必须向市议会问询。市长还指出，他从来不会做出这种非正式的承诺，他不知道为什么会传出这种流

言，他没有做出任何对这个社区公民不利的决定，也
没有被迫做出过决定。但这种解释对村民造成的伤害
已经于事无补。虽然市长在选举中没有落败，但也因
此丢了很多选票，一个新的政党也因此进入了市议会。
大家怀疑这个政党是流言的始作俑者，但却无法证实。
现在有一个问题：为什么这么荒谬的报道足以影响投
票者，甚至改变他们的选票？难道他们不觉得这种报
道是无稽之谈吗？确实，任何人都可以看出来，但当
谎言遇见自己的偏见的时候，能不能看出来已经不重
要了。在市长选举这个例子中，说谎者利用了采访报
道。采访中，市长关于垃圾的说法可能让一些人相信
了谎言，而且已经预想到了后果。如果这些人心里很
相信新党派的民粹主义言论，他们就会投票支持新党
派，且会不再认可多年来给社区带来种种福利和繁荣
的市长迄今为止的工作成果。市长被这个流言绊了一

跤，这个流言之所以奏效，是因为偏见的作用。

偏见不是真正意义上的判断，而是等待确认的意见。从原则上来说，偏见既不好也不坏。因此，下文谈到的偏见只和寻求真理有关，而不是和那些自带偏见的人有关。虽然偏见模糊了人们的视野，使其不利于寻求真理，但持有偏见的人也可能是最善良的人。我的意思是，带有偏见并不是一种不好的特质，这本身就是一种偏见。我见过无数人假装在寻找真相，但只对可以证明他们自己先入为主的观念的事感兴趣。所以，他们只是在寻找支撑自己观点的证据。正是这样的行为造成了上述例子中市长的不幸。因为有些人显然已经有了自己的预想，并得出了结论："他肯定这样做了。"当然，这是可以被理解的，但如果一个无辜的人因此而受到审判，或者民主受到损害时，就不可被接受了。

　　因此，要小心自己轻易就相信的东西。也就是说，如果你没办法对其背后的真实来源进行判断，那么无论这个网站看起来有多专业，你都不能认为它是可信的。人们只有仔细查阅，才能评估这种网站是不是在传播假新闻，或者在传播令人可疑的内容。这种办法在我寻找真相的过程中一直很有用。

　　与此相关，我想写几行关于"阴谋论"的内容。比如，如果你坚信登月是假的，只是在电视里演给全世界的人看的，那么这样的内容正适合你。我相信你在寻求真理的过程中是有自己的想法的。

隐藏自己：为什么在冷静的人身边要小心

这个人明显很紧张，他的脚上下摆动，好像随时要随着歌曲起舞一样。他搓了搓手，扯了扯领带，手指敲打着桌面，目光不安地瞟向会议室。他的雇主正在审问他，因为该雇主丢失了机密数据。他的雇主认为，一定有人潜入了公司的数据中心，把数据拷贝到了随身携带的硬盘上。作案人此前屏蔽了该地区的所有监控，因此，下午 3 点 57 分至 4 点 23 分没有录像记录。该公司的一名员工作为嫌疑人受到了质询，公司首席合规官（负责监督公司的政策和指导方针的遵守情况）负责质询，我担任顾问。在整个质询过程中，只要提到他的名字和其所在部门，他就会坐立不安。由于案发时他不在工作地点，我们就问他去哪了。据他所说，他在家里，他边说边手脚动个不停，右手抚摸着自己的喉咙。另一个合规官虚张声势地说："好吧，我们有犯罪现场的监控视频的备份。要是我们看了这个视频，会在里面看见你吗？"这名员工突然像被闪电击中一样一动不动。当被问及他昨天下午四点在哪里时，他平静地回答："要我说多少次，我在家，我的狗出了点状况。"紧接着，他又开始慌张地扭来扭去。他扭扭捏捏地回答了其他所有问题。合规官结束了问讯，和这位嫌疑人进行了告别。首席合规官说："他是无辜的，我们可以首先排除他。"然而，我有不同意见，并且我是对的。

工作环境中的这种典型场景清楚地表明了肢体语言在识别说谎者时的重要性。在这个例子中，在哪里讲和讲了什么并不那么重要。我们可以从这个例子中学到一些识人技巧。如果一个本来很烦躁、紧张的人突然变得很平静，那么你就要注意了。烦躁转为平静，这是一个很明显的变化，也是说谎者的典型反应。原因很简单，当我们感觉自己受到了威胁，潜意识就开始接管并控制我们的身体了。危机感意味着有危险，这就是为什么潜意识（也就是脑干）会接管我们的身体，会让我们像石器时代的人一样被控制。那么此时，我们面对危险会有三种反应：逃跑、战斗或者装死。在上述例子中，嫌疑人突然表现得平静，这种一动不动地"装死"也被称为"假死"。

也许你已经经历过这样的情况：在你以为特别危险或者实际上很危险的情况下，自己没办法移动。这种情况时有发生，比如，当你独自在家睡觉或者在陌生的酒店房间里，被未知的但颇具威胁的噪声吵醒时，你在第一时间只会僵硬地躺着继续听，不会慌里慌张地做出一些动作。保持静止不动可以保护我们人类在原始时代不被动物杀死，成为其盘中餐。如果我们受到惊吓时疯狂移动，则会使我们陷入危险境地，成为动物的目标；如果我们躺着不动，那么它就可能忽略我们，什么都不做就走开，我们会因此而得救。潜意识里我们仍然有这种保护机制，而且这种机制会一直存在。

在我们的例子里，嫌疑人明显被吓到了。我们虚张声势地说有录像备份，可以以此找出作案者。而作案者——这个被质询的员工——已经关闭了监控以免被看见，他相信自己没有做错这个步骤。当他得知监控视频还有其他来源时非常震惊，因为这会使他被定罪，公司将解除他的劳动合同，他将受到刑事指控以及刑事诉讼后的处罚，他今后的美好生活就此结束，这对他来说是无法接受的。因为他本来期望通过泄露公司机密来获取经济利益，以此改善他的生活。而现在面对这样的局面，他很害怕，所以坚持说自己说的都是真的。在我看来，这表明他在撒谎，他并不是在家解决所谓的他的狗的问题。对于"他在哪"这个问题，他身体的激烈反应和他自己所说的话明显不吻合。所以我很确定他在撒谎，他之前的紧张表现也验证了这一点。他紧张是因为他觉得这种局面令他窒息，而且相当危险，但这对他来说是可控的。他腿部的各种小动作表明他真的想逃跑——如果可能的话，他甚至想全速冲刺，他不想待在他现在的位置上。上下抚摸脖子是一个非常典型的让自己镇定的动作。我们人类的脖子的皮下有很多神经末梢，所以我们的脖子非常敏感且对触摸的反应更为强烈，这就是为什么恋爱中的人经常互相亲吻脖子。上下抚摸脖子可以刺激神经，有镇静作用，可以让自己平静下来以免控制不住那想要逃跑的乱动的腿。

现在我们把所有现象放在一起。该员工对调查结果非常排斥，以至于想逃跑，但他强制自己冷静下来，因为逃跑是不可能的。在这种情况下，当他知道有一些可以给他定罪的证据时，他崩溃了，震惊得整个人都僵住了。

猜对了，其实我们用了一个方法。我们已经知道作案人了吗？不，我们只知道被质询的人撒了谎，我们并不清楚真相。请注意，仅仅知道有人在撒谎并不意味着我们知道真相。在质询中我们只知道这名员工说自己在家处理狗的问题的说法是谎言，但我们并不知道他究竟在哪里。也许他有一个情人，他们当时待在一起，也许他在另一家公司面试，因为怕丢了工作，所以他不想说出这件事。也许你会说，这些都不是让他反应这么激烈的原因，这的确有道理。当然，情况也可能是这样的，这名员工在被恐吓的时候可能已经意识到了自己处于一个很危险的境地，因此感到恐慌，所以一切皆有可能。

　　我想说的是，已经被证实的谎言并不能揭示真相，它只是帮助我们打开了继续寻找真相的大门。只有我们有确凿的证据和可信的证词的时候，我们才能知道真相。其他的一切都是猜测，因为人都有偏见而且容易被操纵，这可能会导致错误的结论，比如，一个无辜的人可能会因此被定罪或者被指控为通奸犯。我们容易混淆感觉和真相，尤其是在我们受到自身情绪影响的时候。

一个人突然间僵住，可能意味着他刚才说了谎。但注意，上述案例是在没有进一步调查的情况下就能非常明确有人说谎的案例之一。低垂的眼神或者特殊的脚部动作能不能在几秒内就告诉我们对方说谎了呢？是不是一旦有了这些特定的身体语言，就代表有人说谎了？可以明确地告诉你：不是！这并不像那些"辨谎家"说得那么容易。

你肯定已经把上面的话读了两遍了，因为你真的不愿意相信可以明确有人说谎的案例只占少数。身体的反应不会背叛一个人说的话吗？身体的反应难道不总是在说真话吗？可惜不是这样的。仅仅是肢体语言并不能揭示谎言，只有结合问题和事先已经获得的信息才能证明有人撒谎了。肢体语言只能表明一个人的情绪状态，它告诉我们的是一个人的真实感受。如果一个人的肢体语言和其所说的不相符，那么我们就有理由问询了。

　　这正是我在电视节目里扮演"谎言侦探"的方式。我们提前收集了受访者的信息并与他们交谈。此外，我们还使用测谎仪，在受访者被问到相关问题的时候测量他们的身体机能，测量后就可以得出被调查者的情绪激动水平。当受访者被问的时候，他出汗了吗？心跳加快了吗？血压升高了吗？我们收集到的数据足以让任何内科医生诊断出他们的健康状况。测谎仪测出的结果为后面在采访中进行对比实验打好了基础。收集到的受访者的信息和他的肢体语言与测谎结果相符吗？信息收集、用测谎仪测试谎言、面对面采访是识别谎言的非常可靠的方法。但测谎仪在德国司法部门不受欢迎，也不被允许使用。人们认为法官无所不知，因此放弃了在我看来不仅在寻求真相过程中有用，而且很容易帮助人们找到真相的方法。

匹诺曹：童话作者的鼻子

你肯定知道小木偶匹诺曹的故事。一方面，不用木偶师操纵，它就可以自己移动；另一方面，它不会说谎，因为它一说谎鼻子就会变长，那么所有人都知道它没有说实话。如果这种效应也存在于人类身上，是不是也很好？只要一撒谎，鼻子就会变长，那么人们很快就能找出那个说"童话"的人。

在人类身上确实存在这种效应，但和小木偶匹诺曹的故事不同。研究表明，我们在说谎时鼻子会充血，这会让鼻子变大。但不幸的是，即使人们在说谎时鼻

子会变大，但也只是变大一点，人们是看不出来这种
变化的。但也有研究表明，人们在鼻子充血时会发痒，
那么说谎的人就会摸鼻尖。因此，我们仍可以根据这
个研究来辨别谎言。当你为此开心并且把每一个摸鼻
子的动作都当成谎言的证据的时候，我必须先严词警
告，因为我发现仅仅根据摸鼻子这个动作就确定当事
人在撒谎是一个骗人的把戏。想象一下，空气很干燥，
这让你的鼻子很痒，或者你的交谈对象摸鼻子是因为
他在想其他的事情。如果你因此错误地指责他人撒谎，
那么你就错了，因为这根本不合情理。

　　因此，肢体语言只适用于浅显地判断一个人的情
绪状况，并不是识别谎言的决定性因素，我们还需要
通过更多的信息和进一步的分析来判断。我们会在这
本书里讨论这个问题，你可能会成为一个识别谎言的

专家，而非江湖骗子。

　　我们会讨论从人类面部和身体语言上应该读取什么内容，对于获得的信息，怎么使用才是正确可信的。此外，我们还会详细讲解人们对于说谎者身体语言的一些常见的误解。

两眼之间：说谎者怎么看人

　　卡尔感觉很不舒服，因为他的女朋友安妮把他带到演播室，想知道他对自己是否忠诚。安妮最近对卡尔产生了严重的怀疑，因为有人告诉她看到卡尔和另一个女人在车里。卡尔否认了这件事，因为当时他还在办公室，而且车在行驶的时候，人们很容易看错。

虽然这听起来不像假的，但这是真相吗？他们两个找我来就是为了把这件事搞明白，于是用了测谎仪。在节目中，安妮提出了一个很多女人都会问的问题："你骗过我吗？"卡尔身体前倾，看着她的眼睛说："亲爱的，我没有，我爱你，我为什么要骗你？肯定是你的朋友弄错了，车上那个人不是我。"他说话的时候目光没有移开，直视着安妮的眼睛。短暂的停顿后，我问安妮："你相信他说的是真的吗？"安妮想了想说："相信，因为他回答时一直看着我的眼睛。"

人们会常常听见这种话："他甚至没法直视我的眼睛，他在撒谎。"人们在面对面交流的时候确实会有一种不想用眼神交流的情绪，但这不代表所说的话是谎言，这只是一种自卑的表现或者只是想掩饰自己的感觉。就这一点来说，你可能已经注意到你没法坦率地看着自己的爱人，当你们在一个房间里时，你更多的是想把目光移开。如果将注视对方的眼睛作为一种调情信号，那么这其实不怎么有用，因为这种眼神交流更多的是作为人们想准确表达的一种交流方式，即表达你喜欢某个人。与此相反，如果人们偷偷恋爱了，却不知道怎样公开或者是否要公开，那么人们就会避开眼神交流，原因是他们想隐藏脸上所表现出的迷恋。这样我们就知道了一个关键信息：不仅是眼睛，面部表情也能展现出人的精神世界。虽然人们常说，眼睛是心灵的"窗户"，但在进行肢体语言分析时并不能将其作为单一的维度进行考量。眼睛只是情绪取向确定系统的一部分。仅仅通过眼神并不能识别谎言，而要结合面部表情和身体语言进行综合判断。只靠眼神来辨别谎言的人注定失败。

卡尔和安妮的例子也说明了这一点。当我们在节目中向安妮透露我的评估结果和测谎仪对卡尔的测试结果时，你可以想象安妮是多么惊讶和失望。她低声说："他撒谎了。"卡尔七个多月前就已经和车上的那个女人有染。尽管安妮又给了他一次机会，但两个人还是分开了，因为卡尔更喜欢新欢。

谎言还是真话并不能通过眼神来确定，因为这种注视行为通常是人们习得的结果。科学证据以外的证据可以证明这一点。在过往案例中，**大多数被证明说谎的人都会紧紧地、带有目的性地注视着他人的眼睛说话。**他们好像想表现出他们可以看到对方内心深处的想法。但测谎仪可以在这种情况下证明这是个谎言。仔细想想这件事，我们能学到很多。我们最好别犯这种错误，要看看完整的面部和身体语言，要避免让眼神交流骗到你。

向左看还是向右看：骗子的眼神暴露了什么

在节目中，奥内拉想知道她的女儿是否挂念着自己。奥内拉的女儿在澳大利亚参加了一个社交活动。据奥内拉说，"我女儿的行为很奇怪，她的开心好像是因为她摆脱了我。"没有一个妈妈会希望自己的女儿这样想，所以她想追根究底，找出真相。要不要放任女儿继续参加社交活动让奥内拉很纠结。奥内拉是一个成功的金融服务专家，她为客户提供保险和金融投资咨询，并从公司收取佣金，她在自己的工作领域得心应手。为了更好地了解和说服客户，奥内拉接受了一些特殊的训练，其中包括 NLP。NLP 是神经语言程序学（Neuro-linguistisches Programmieren）的缩写，这门学科旨在帮助人们更好地操控其他人。就我个人而言，我对这门课程持怀疑态度，因为我经常看到这类专家的失败。让我们将话题转回到奥内拉，在谈话过程中她提出了一个问题，她在女儿的眼里是不是一个纠缠不清、令人讨厌的人，女儿是不是在因此与她保持距离。女儿没有立刻回答，而是向右看去，然后她说："对，你确实挺烦人，但是没关系，你是我妈妈。我离开不是因为你，我只是想提升自己。我想在澳大利亚学习独立，当然还想提高我的英语水平。"在我说出测试结果之前，我先问了奥内拉，她觉得女儿说的是不是实话。奥内拉确信女儿对她撒了谎，"因为我女儿一直在向右看，这已被证实是说谎的人的表现，这是众所周知的事实。"

事实是否真的如奥内拉所说，眼神的方向能够揭示真相？据传言，说谎的人在说谎的时候会朝右看，说真话的人会朝左看。几十年来，神经语言程序学的支持者一直认为能从眼球的运动方向读出一个人是否撒谎，眼神的方向对人们所说的话的真实性有重大意义。

事实上，这种说法很容易验证，但很长时间都没有人验证过，直到以爱丁堡大学的卡罗琳·瓦特（Caroline Watt）和赫特福德大学的理查德·怀斯曼（Richard Wiseman）为代表的心理学家研究组开始着手研究这个问题。

心理学家研究组将被试的眼球运动过程录了下来，被试并不了解实验内容，关于他们的录像在接下来会被评估。经过实验，心理学家发现，言语的真实性和眼球的运动方向之间并没有必然性。

在第二个实验中，观看录像的人被要求使用 NLP 来判断被试有没有说谎，也就是所谓的"向右看代表说谎""向左看代表说真话"。实验没有成功，因为他们的命中率是随机的。

最后，心理学家在第三个实验中测试了 NLP 的应用效果，他们分析了视频里 52 个来自不同国家的人的眼球运动方向。视频里，这些人公开请求释放自己被绑架的家人。在 50% 的案例中，这些提出请求的人本身就是作案人，他们撒了弥天大谎，但研究人员在这些说谎者的视频里没有发现任何清晰、明显的眼球运动。

一般来说，人们在谈话时经常会避开他人的视线，这不仅仅是在说谎的时候。就这一点而言，上述这个错误的判断方法是关于"直视谬误"的延伸。你也可以在自己身上观察到这一点。我们在谈话中会把目光转向右上角或者左上角，尤其在我们思考某件事的时候。我们看向哪里取决于我们此刻在想什么：我们翻阅着自己关于感觉或者关于理性思考的情感记忆。由于这些记忆存储于大脑的不同位置，我们会根据相应的主题往不同的方向看。因此，眼神的方向只能说明人们正在大脑中检索信息。上述判断方法的错误就在于，提出这种方法的人一直认为谎言是需要思考的，因为人们需要先去构建谎言。构建谎言需要动用脑力，这就是从逻辑上来讲说谎的人会向上看的原因。正确的观点是，人们在大脑中挖掘信息的时候会转移视线，但不代表这些信息一定是谎言。尽管人们需要思考才能说谎，但这并不仅仅适用于说谎。找出大脑中的信息或者将信息重新组合也是一种推论，同样会引发思考，同样会让人有视线的变化，因此，向上看并不意味着说谎。这个错误观点会让我们误入歧途，因为我们会怀疑那些仅仅是在思考的人。也许他这样做只是因为我们问的是很久以前发生的事，或者他只是抑制了目光的转动。转移视线方向并不能证明那个人说谎了，所以，当听到奥内拉女儿没有说谎的时候，你也不必感到惊讶。

天生的骗子：眼睛的颜色和是否说真话有关吗

　　蓝色眼睛就像天上的星星，拥有蓝色眼睛的人喜欢亲吻和调情。拥有绿色眼睛的人天生爱探索，不善于表达爱。拥有棕色眼睛的人虽然很危险，但他们在爱情中很诚实。你肯定听说过这种只通过眼睛的颜色就可以判断一个人在爱情里是否忠诚的论调。我的朋友彼得拉和艾森带着这个话题来找我，彼得拉想提醒艾森注意自己的新男友，"他对这段感情认不认真，从眼睛就可以看出来。"她的女性直觉不容置疑，如果艾森不想听到这些，她就会向艾森证明这是真的。

　　真的如此简单，从眼睛的颜色就能判断一个人说的是不是真话吗？如果这是真的，那么我们就会很容易判断。研究人员也对这个问题很感兴趣，他们研究了这一现象。卡雷尔·克莱斯纳（Karel Kleisner）的研究小组想知道眼睛的颜色是否与人的可信度和诚实度相关。他们对这个课题进行了实验。

在第一项研究中，被试被问及根据脸（即外表）来评价他人的可信度有多大。在进一步的测试中，以这种方式评价他人的可信度得到了证实。研究人员根据脸型和眼睛颜色对接受评估的人进行了划分，经测验发现，脸宽的人比起脸窄的人更容易滥用他人的信任。被试明显是意识到了这一点，所以他们更相信脸窄的人。

接下来，研究人员根据眼睛的颜色进行了问询。事实上，他们确实得到了"蓝眼睛是天上的星星"这类评价。测试结果是，蓝色眼睛的可信度不如棕色眼睛，绿色眼睛和灰色眼睛也像蓝色眼睛一样，显得不怎么真诚。与此相反，棕色眼睛对被试来说是诚实的体现。

第二项研究的内容是判断这种外部评估是否准确，有棕色眼睛的人是否更诚实。

研究人员假设"拥有棕色眼睛的人比蓝色眼睛的人更值得信赖"，而这种假设更多的是建立在脸型基础上的，而不是眼睛的颜色。更科学地说，他们假设的是某些永久性的面部特征与眼睛的颜色相关。他们想通过研究来检验这个假设，同时确定眼睛的颜色是否会影响人们对他人的印象。为此，研究人员向男女学生们展示了 40 张男性和 40 张女性的照片，让他们评估这些面孔有多值得信赖。照片展示的是拥有蓝色或者棕色眼睛的年轻人。

研究人员观察到，眼睛的颜色和脸型之间存在很大的相关性，尤其是男性。研究人员称，拥有蓝色眼睛的人通常脸的下半部分棱角分明，下巴较长，嘴巴较小，眼睛相对较小，眉毛间距较大，人们通常不太信任具有这些特征的面孔；但拥有棕色眼睛的人则不同，他们的面部特点是下巴更圆、更宽，嘴巴更大，眼睛相对较大，眉毛间距较小。但为什么眼睛的颜色会和面部特征相关，原因还未明确。为了测试眼睛颜色这个单一维度是否会产生影响，研究人员修饰了照片中的眼睛，然后把这些编辑过的照片给其他被试进行评估。这一次，拥有蓝色眼睛的人和拥有棕色眼睛的人之间并不存在差异，差异存在于其面部特征上。所以心理学家得出结论：虽然拥有棕色眼睛的人比拥有蓝色眼睛的人更容易获得他人的信赖，但导致这种强烈的信任感的因素并不是棕色眼睛本身，而是与棕色眼睛相关的面部结构。也就是说，眼睛的颜色与人们对他人的评价无关，这种评价是建立在面部特征的基础上的，这一点需要格外注意。

对于其他的身体特征，我们也可以进行一些有关诚实和可信度的假设推断。在进一步的实验中，被试被要求根据走路的姿势来评估一个人的性格特征和人格特质。结论是，人们认为步子大的人更值得信赖，且具有开放和爱冒险的特质。运用光点，我们可以在实验中看到，当呈现在观察者眼中的大幅度运动进一步加强时，这种效果甚至得到了加强。这样走路的人被归类成开放、爱冒险且值得信赖的人。事实上，这种结论和被观察者的实际人格特征完全不符。

声音也一样。很明显，带重音的轻声细语、声音突然提高或者口吃都可能表明这个人对某件事不确定。也许是因为他没有说实话，又或者他对自己缺乏自信。

一方面，在人类的历史上，经常有人试图通过外表来确定"天生的罪犯"或者"天生的骗子"，甚至有一些相关的研究。瑞士牧师约翰·卡斯帕·拉瓦特（Johann Caspar Lavater）在18世纪就提出了盛行一时的面相学理论，物理学家和启蒙运动家格奥尔格·克里斯托夫·利希滕贝格（Georg Christoph Lichtenberg）对此嗤之以鼻，他讥讽这何其荒谬。19世纪，意大利医生切萨雷·龙勃罗梭（Cesare Lombroso）试图找到"天生罪犯"的典型身体特征并进行相应的编录，但最终失败了。还有人重新拾起了龙勃罗梭的理论，并用其来证明对那些因具有某些相貌特征而被认定为罪犯的人进行迫害，以及强制绝育和安乐死等刑罚是正当行为。没有人想重现这种惨剧。时至今日，也没有充分的研究证实可以通过身体特征对人类进行性格评估。因此，你最好别理睬这种观点，也不必对此进行推论。

　　另一方面，我们不要认为直觉毫无作用，其实，它可以很好地为我们服务，尽管它并不能揭穿谎言。很多研究都证明了这一点，比如，我们可以在几秒内正确地判断出以前并不认识的人的一些性格特征，或者确定某些人有没有睡好。英国心理学家大卫·佩雷特（David Perrett）和安东尼·利特尔（Anthony Little）用学生的例子证明了这一点。以位于斯德哥尔摩的卡罗林斯卡学院的约翰·阿克塞尔森（John Axelsson）为领导的瑞典团队为 23 名 18~31 岁的参与者拍摄照片。第一次，参与者被要求在前一天晚上至少睡 8 小时，第二天下午 2 点至 3 点来拍照。第二次，这些参与者被要求在拍摄的前两天晚上只睡 5 小时，前一天晚上完全不睡。所有参与者都没有化妆，而且都直面镜头并尽可能地展示最真实的自己。研究人员把这些照片给 65 名被试看——每张照片展示 6 秒。被试要判断照片中的人的吸引力、健康以及睡眠状况。总体而言，照片中的人在睡眠不足时的情况下，其吸引力和健康状况的评分都明显低于睡足 8 小时后的评分。

研究人员称，这一结果表明人们在识别与睡眠不足有关的面部迹象方面非常准确。许多研究已经证明了睡眠不足与健康状况不佳之间的联系，以及健康状况与吸引力之间的联系。研究人员认为人们能够判断出睡眠不足是缺乏吸引力的原因之一。此外，受繁衍观念的驱动力影响，我们自然地认为不要和健康状况不太好的人交往会比较好。我们能够判断出一个人是不是睡得好，有没有吸引力，是不是健谈。

　　在寻找真相的过程中，这种判断能力在处理真相与性格特征的关系时会有所帮助。然而，这不是证据，只是一种直觉，我们在寻找真相时应该考虑到这一点。同时，不要将眼睛的颜色和脸型作为识别真相的依据，至少别在寻找真相的过程中因为外表的某些特征而歧视某些人。对于彼得拉和艾森来说，这意味着从科学角度来看，彼得拉对艾森新的生活伴侣不忠诚的猜测毫无根据。如果女人的直觉没能得到进一步验证，那么就存在一个问题，即彼得拉的判断是对的还是出于嫉妒。这需要艾森凭借自己找出答案。

鳄鱼的眼泪：如何看穿面具后隐藏的情感

　　没有什么比真实感受更容易掩饰的了。换句话说，人们表现出来的根本不是真实的情绪。就像著名的鳄鱼的眼泪，其被用来描述假装悲伤、同情和忧虑的行为。之所以会有这种说法，是因为鳄鱼在捕食猎物时会流出眼泪，而这是虚假的眼泪。我吃了你，我很难过，这是一种虚伪的表现。无论是隐藏真实的情绪还是刻意表现出虚假的情绪，这两种表现都不是真实的，因为这个人的真正的感受被隐藏了起来。然而，肢体语言往往会泄露真实的感受，因为人们无法将真实的感受完全隐藏起来。若要辨别这一点，需要接受一些训练，掌握一些常识，还需要进行一些实践。身体语言是每个人都可以理解的通用语言。当然，在时代发展中，文化有了自己的精妙之处，但在情感方面，人们只讲一种语言，即笑表达的是快乐，哭表达的是悲伤，这两种情绪都和特定的面部表情有关。一般情况下，我们笑的时候会露出牙齿，眼睛也带着笑意；而我们难过的时候会嘴角下垂，泪水流淌，这是不隐藏情绪的表现。你肯定有在某些情况下想哭却仍然装作幸福的时候，虽然你已经尽可能地伪装自己，但人们仍然可以看出你的真实情绪，也许是因为你伪装得不够彻底，当然，也有可能是因为有人可以通过肢体语言读懂情绪。我不是为了证明谎言，而是为了让人们了解真实的情绪，找出情绪背后所隐藏的是什么。

无声的鞋底：腿和脚暴露了什么

腿和脚不会说谎。如果想查明真相，最好注意一下和你聊天的人的腿和脚在做什么。比如，他的脚尖指向出口，那么表明他想离开不想谈这个话题了。也许这时你已经快要了解真相，但关于这个话题还有些东西被隐藏着，那么你可以看看那个人脚的位置，或许能把这个话题自信地坚持下去，并提出更深入的问题。如果这时与你谈话的人常常停顿，那么他可能说谎了，因为在停顿的时间里，他在努力地完善自己的谎言。在说话的同时编织谎言，大多数人会因此表现得不知所措，这就是他们说话的时候停顿、结巴的原因。当你遇到这种情况时，可以明确告诉他你不相信他说的话。在大多数情况下，说谎者会更努力地说服你去相信他们的谎话。比如，他可能会说更多的话，说话更大声，或者把手放在你的胳膊上或肩膀上，以此来让你相信他。因此你要注意，如果有话变多、音量变大，并且有了安抚动作这几种情况，那么你很有可能被骗。

追踪钱的踪迹：谎言和金钱有何关系

假先知总是使用同样的骗局，他们总是向他人承诺可以给对方想要的东西，但其实它们对于大多数人来说是没有办法实现的。"一年内成为百万富翁"或者"七天内让小腹平坦"可能是我们这个时代最流行的承诺。

电视选角经纪人就是一个受欢迎的假先知。"我能让你很出名，你就是下一个超级巨星。"对于有些人来说，这种话听起来很棒，但在现实中，这主要取决于"电视选角"这件事本身，经纪人可以作为评委来判断这些选手是否能成功，但最终结果是由观众打电话投票决定。节目评委会变得富有且出名，特别是那些制造与运作新星的人。一些人会在某一天突然意识到他们之前得到的承诺只是空头支票。

　　在短短 7 天内可以将已经胡吃海塞了 15 年重达 20 公斤的肚子减成满是腹肌的"搓衣板"完全是胡说八道，但还是有很多人相信。短时间内成为百万富翁的承诺（大部分是空头支票）也让很多人失去了理智。他们太贪婪，以至于无法注意到是谁在做出承诺。在社交媒体上到处都可以看到自称是教练的人，以及在高端场所穿着名牌衣服、在豪车前面摆姿势的人，他们声称可以让任何人都成为富翁。"我带你去赚钱"，这听起来太好了。在这种情况下，你应该首先问自己：这些人在承诺的背后有什么专业知识吗？还是说他们只有这些让人眼花缭乱的豪车华服的照片？好多人忘了这个重要的问题，像驴鼻子前面挂着胡萝卜一样不知疲倦地追着这些假先知跑，但永远吃不到胡萝卜。

尽管付出了所有的努力，但胡萝卜永远挂在鼻子前面那个地方，没法够到。因此，很多古老的有关钱的俗语说，人要如何通过一个教人赚钱的假先知发小财？答案是你得先发个大财。

因此，当有人提出要为你服务时，请始终质疑其动机——无论是做出承诺、提供信息还是进行解释。他这么做能得到什么呢？为什么要告诉你？大多数情况下，我们可以这样来证实对方是一个骗人高手，即看看钱到哪去了，顺着这个踪迹可以直接找到作案人。在一场骗局里，钱就是动机，钱也可以成为你更加小心的理由。

第4章

谎言是文化遗产

66 过得咋样？" 今天，你可能已经问过或者被问过

　　这个问题。毕竟我们会反射性地询问遇到的人，

他们一天、一周的情况，或者当再遇见的时候问其在

任意一个时间段的情况。在大多数情况下，对方会回

答"挺好的"；在少数情况下，对方会回答"特别好"

或者"棒极了"。但这是事实吗？难道我们都没有影响

我们幸福生活的问题吗？是不是我们生活的圈子里没有什么能扰乱我们平静的生活，使我们失去平衡的东西？事实可能并不是这样。当然，以谎言开始的谈话并不是一个好的开始。

那么我们为什么在谈话一开始就撒谎，而不是好好回答这个简单的问题呢？答案是，因为很多人对对方的真实情况并不感兴趣。他们甚至我们自己都不想听到让人有负担的回答，也不想听到需要我们插手或者帮忙的回答。没人想因为一句问好就不得不帮对方做些什么，大家不想走出舒适区。比如，"我现在有点缺钱，我只有特别注意才能避免财务问题"，这种回答会让很多人不知所措。所以，说谎是寒暄中不可或缺的一部分。没人想在开始寒暄讲客套话时就听到真话，要么是因为我们不感兴趣，要么是因为真实的情况会让人扫兴。试想一下，"你今天看起来不错"这句话总是出现在谈话中，如果这句话确实是真的，那会是什么样？

你是不是也感觉从来没有一个时代像现在这样有如此多的谎言？我指的不是大环境，而是我们周围的生活环境。人们常常会觉得没有什么是可以信赖的。首先，从私人约会开始，不遵守约定的频率有多高？有时候是因为狗生病了，有时候是因为没能及时离开办公室，又或者是车要开去修理，突然头疼，孩子过得不好，等等。即使人们已经提前约定好了。

大多数时候，说谎的人只是不愿意面对因为拒绝而产生的问题，也不想为自己的行为负责。我们想象一下，在一段说真话的对话里被拒绝的场景。

"你好，你能打电话来真是太好了。我很想今晚和你一起出去吃顿大餐，让我们好好聊聊。"

"噢，太遗憾了，我今天真的没什么心情。今天天气太差了，我现在懒得去餐馆。要是今天一定要干些什么的话，我想我可能会去运动。"

"我现在好失望啊！"

不会有这样的对话，因为没人愿意被指责为不可靠的利己主义者。人们也不想辩解或者道歉，因为这一切会令人不愉快。比较让人舒服的做法是讲个虚假的故事，用谎话来表达拒绝。

但是，如果我们不想听到真实的回答，那么为什么还要问那个愚蠢的问题来开启话题，然后再捏造谎言取消约会呢？因为用谎言来切断谈话很方便实用。事实上，这种方便和对尴尬局面的恐惧一直是人们撒谎的最大动机，这一点不会改变。只要动机存在，谎言就会一直存在，不会消亡。

榜样也说谎，为何我们不效仿

人类通过协作而成为地球上主要的生命体。我们大规模地开采资源、破坏环境，这种对地球的支配导致了严重的后果。如果不采取行动，生态平衡就会被打破，气候也会发生变化，会让我们的星球——或者更准确地说，星球上的生物——走向灭亡。所有人都知道问题的严重性，可知道又能怎么样呢？有人甚至说气候变化是谎言，他们没有采取行动，反而质疑真相，故意散播谣言；有人对真相视而不见，怀疑气候变化的真实性，甚至有些国家元首也这么做了。

　　但更重要的是谁在说谎。美国前总统曾坚持塑造自由世界的价值观。这样的人不应该是塑造价值观的榜样吗？他会因此只说真话吗？他本应该这样，但遗憾的是现实中并不是这样。他骗我们说，天平本就不平，以此来让自己的谎言合乎社交规则。权威人士撒的谎全世界都在听，或者说，全世界都必须听，这是为了避免那些会造成重大损害的冲突。我们撒了这么多谎，是因为"高层"已经为我们示范了吗？到底出了什么问题？因为榜样的行为使说谎者失去了变得诚实的动力，所以他不再需要为谎言而感到羞耻，这也让说谎的行为在未来仍将持续。

说谎无恶果，导致说谎行为的持续性

仅仅是榜样的误导并不会让谎言本身变得如此危险，真正造成损害的是谎言的影响力。要想更好地理解这一点，多读历史会有所帮助。虽然你可能不是很喜欢政治或者历史，或者一些事情发生的时候你还没出生，但好好研究一下这些过去发生的事非常重要，尤其是那些有关地球陷入困境、人类陷入人道主义灾难的事情。数以百万计的受难者讲述了那些悲伤的故事，而这一切都始于谎言！我们可以在近代史中看到很多因为谎言而导致战争的例子，最致命的可能就是引起第二次世界大战的"格莱维茨事件"背后的谎言。阿道夫·希特勒公开声称，一支波兰部队对当时属于帝国领土的格莱维茨广播电台发动了攻击。实际上，这支部队是穿着波兰制服的德国士兵，他们这样做是为了捏造虚假的事实，制造发动战争的理由。结果众所周知，德国开始进攻波兰，最终导致第二次世界大战的爆发，其暴行给人类社会带来了巨大的灾难。

不仅德国用谎言发动过战争，美国也走上了这条道路，这在我看来毫无道理。当时在位的美国国务卿科林·卢瑟·鲍威尔（Colin Luther Powell）展示了视频资料和图像，据说这些资料证明了伊拉克拥有被禁止的大规模杀伤性武器，只有通过军事干预才能防止更糟糕的事情发生。这是一个引发伊拉克战争或海湾战争的谎言，这场战争的合法性源于向世界公众谎称伊拉克存在大规模杀伤性武器。如果你问我怎么看待这件事，那么我会说这是一种耻辱。

即使这些事件离当下已经很久远，但也不应被遗忘，因为这些事件的始作俑者大胆且无耻地展现了谎言。在两场战争中丧生的人数表明了战争的残酷性。尽管这些事件已被载入史册，每个人都对此有所了解，但似乎一切都没有改变，人们继续撒谎，甚至比以往更加大胆，而情况也比以往都更加糟糕。

　　没有人会真的希望这样，但谎言是最高政治圈不可分割的一部分，即使它被混淆和伪装。但最重要的是，说谎者往往不会面临任何后果，如罚款或损害赔偿。对于数百万人的死亡，肇事者基本没有受到影响。这给人们传递了一个信息，即如果你足够强大，那么你不仅可以统治他人的思想，还可以统治真理。这是一个致命的信号，保证了说谎这件事在未来仍会持续。每个组织都会根据相应的制度赋予人们权力，即做出决定的权力、赞许或反对的权力。例如，终止雇佣合同或不延长雇佣关系时限，这样的权力对人们的人生道路会产生影响。在人际关系中、工作中以及私人生活中，允许人们撒谎不会产生任何后果，从而保证了谎言在日常生活中的持续上演。

危险的真相：诚实有时要付出代价

想象一下，你有可以揭穿一个巨大谎言的证据，这个证据涉及每个人，它可能来自朱利安·阿桑奇（Julian Assange）所创建的维基解密网站—— 一个发布有迫切现实意义的信息平台。在我看来，它非法保存了大量的秘密信息。爱德华·斯诺登（Edward Snowden），美国国家安全局的前雇员，美国间谍部门的一员，他监听过几乎所有的电话、电子邮件和移动档案。他注意到那些自己本身没做错事的人，但却因与做错事的人交了朋友（比如在脸书上）而接受了全面的审查，也因此很难在国家机构里找到工作。这些人并没有做错什么事，你觉得这是不对的吗？这是不公平的吗？必须注意的是，这个你为之工作和监视他人的机构究竟是如何否认这一切并向公众撒谎的。你会去报社爆料吗？会自己在网上发布相关信息吗？如果会的话，那么你就是所谓的告密者。一个人想揭露谎言，是因为他的良心叫他这么做。上述两个人，阿桑奇和斯诺登，都没有受到尊重，而是被指控泄露机密。这样的人不仅存在于美国，也存在于欧洲。另一个著名的爆料人是葡萄牙人瑞·平托（Rui Pinto），他披露了足球明星、顾问以及相关俱乐部和组织的犯罪活动。两名《明镜周刊》（*Der Spiegel*）的德国记者随后将他披露的信息处理成文章和书籍，并因此揭露了那些公众所不知道的事情，同时指出在哪些地方公众受骗了。人们可能会认为，瑞·平托或爱德华·斯诺登是英雄，因为他们揭露了影响许多人并使许多人处于不利位置的谎言。但事实并非如此，爱德华·斯诺登被流放至莫斯科，而瑞·平托则被关进了葡萄牙的监狱。

所以现在的情况似乎变成了，揭露谎言的人必须先预估可能会给自己造成的严重后果。上述爆料人的例子说明，揭露真相的人会遭到合乎规则地追捕和驱逐。金钱和权力一直与历史缠绕，也和现实缠绕，还与谎言紧密相连。由此产生的不公正和不平衡需要通过真相来纠正。

在日常生活中，任何为人们揭开真相的人都可能很快成为"笑柄"。例如，因为我们的《劳动法》允许犯罪的雇主在不事先通知的情况下解雇雇员，所以那些发现并举报了雇主罪行的人可能在一夜之间被解雇，并且没有遣散费，不被允许领取社会福利。所以在这里，诚实的人就是愚蠢的人。尽管他揭露了真相，可能帮助了公众，阻止了进一步的犯罪，但他也因此失去了工作，并且在失去工作的头几个月得不到任何资助。毕竟根据法律，他得为自己的举报行为负责。当闭口不言更容易、对自己更有利时，谁还想披露真相？我再说一次，诚实并不意味着胜利。虽然这很残酷，但遗憾的是真相一直如此。

即便如此，我们还是幸运的，因为有些人致力于维护真理。这样的人不顾一切阻碍，揭露谎言、为真相辩护，诚实行事。他们为我们创造了一个诚实且真诚的环境。他们帮助我们所有人，并付出了高昂的代价。在我们眼里，他们都是英雄。

现在肯定没有人要求你成为英雄。这本书应该能让你认清真相并相应地调整自己。成为英雄的这一步我把它留给你，让你的勇气和你的良心帮助你。

摆事实比讲道理更有用：数字化变革怎么影响对真相的寻找

关于数字化变革，你可能不止一次听说过。也许你已经让你的老板或者客户转变了常规的流程，转而使用数字化流程，以便更好地合作；或者因为新冠疫情，你不得不在隔离期间居家办公。这种数字化变革不仅在人们的职业生涯中留下了印记，而且改变了人们的生活方式。以前人们在上班、上学的路上要么看报纸，要么看看窗外的景色，而今天人们只会默默地盯着手机看。虽然人们不再相互交谈，交往的方式发生了改变，但从本质上来说，看电子屏幕与四处观察、看报纸这种打发时间的方式并没有不同。认识到这一点是寻找真理的一个基础。虽然人们表面上适应了社交方式的变化，但内在并没有改变。这就好比虽然你每天都换衣服，但并不表示你换了一个人，你只是有了不同的外观而已。你必须经过破译才能认识到这是一个什么样的人。一个人的个性、言行及背后的动机才是了解真相的关键。

他的言行为你识别真相提供了证据。所以，如果你要寻找真相，必须理解人性，有自己对人和事的看法，然后以此为基础来收集信息，并把这些信息作为支持或反对事实的证据。这正是数字变革对我们的帮助，即我们可以将其作为收集事实的工具。

　　首先，数字化变革意味着我们几乎可以做到时时刻刻监控他人。在《别骗我》这档节目中，有个女嘉宾不确定她失业的伴侣对她是否忠诚，她之所以怀疑是因为她的伴侣待在家的时候她常常要出去上夜班。她不相信他，她觉得他会在空闲时间和其他女人共度时光。她有两部手机，其中一部手机上可以看到她的伴侣的社交账号，她总是随身带着查看。但是这样做并没有为她带来足够的安全感，所以，在她的伴侣去健身房期间，她在他们一起居住的公寓里安装了摄像头。这样她就可以对他的线上生活以及公寓里发生的事情有全面的了解。因为她的伴侣常常会外出，所以从客观上来说，他有出轨的可能性。为此，她为自己和她的伴侣报名参加了《别骗我》这档谈话节目。他们来到了我的工作室，我对他们在个人数据方面的接受程度感到非常惊讶。"我没有什么可隐瞒的，也欢迎她监视我。"她的伴侣说道。显然，"如果没有什么可隐瞒的，可以公开一切"的观念比我想象的更普遍。人们同意被监控，被评估，甚至不会为此有不好的感觉。对于女嘉宾的伴侣来说，好像这是世界上最正常的事情，自己可以随时随地被访问、被追溯过去、被监控。对此，我不寒而栗，而谈话结果让我更加惊讶。他确实背叛了她，甚至多次出轨不同的女人。即使他开始时否认了这一切，但最终他不得不承认自己的不忠。因为不仅是他的肢体语言暴露了他的不忠，而且测谎仪也显示出他有强烈的身体反应。更让人吃惊的是，他竟然可以从伴侣严密的监视网中溜走。

请不要误会我的意思，其实我是反对这种监视的。

这个例子旨在表明，就算存在天衣无缝的技术，谎言还是会继续存在于私人生活中。我确定总会有骗子，就算是数字监控也不会改变人们在个人生活或职场中撒谎这一事实，就像《别骗我》节目中的这位嘉宾一样。

因此，数字化技术本身并不能够揭露谎言。但是，我们可以利用这些新的手段来收集信息，从而追查真相。那么就不需要我们自己监控了，因为我们需要的大部分信息都是互联网免费提供的。

社交媒体是如何帮助我们寻找真相的

在第 5 章的测试中，你有机会通过一个人的行为正确评估他们的肢体语言。但是，如果你没有机会提出这些问题或者根本不想提出问题，那么你会怎么做？互联网以社交媒体的形式帮助我们在这个数字化时代了解过去的问题。

在脸书、Instagram 和其他社交媒体平台上，我们很容易了解某人目前在做什么，实时了解这个人的真实情况。在其他用户知道这些信息之前，运营商，即数据的实际所有者可以最先知道这些信息。所以你可以想象他们收集了多少背景信息。但是，社交媒体上呈现的不仅有背景数据，还有大量其他的信息，几乎每个人都可以看到这些信息。因此，要确定一个人的基础情况，有必要查看他的社交媒体。

在一项研究中，有研究团队试图使用一种算法，根据被试在脸书上的点赞情况来评估他们的个性。他们在脸书上找到的东西可以很好地转化为展示个人基础情况的线索。在这项研究中，对超过 86 000 份脸书用户的个人资料进行了评估，所有这些用户都自愿参与这项研究。他们填写了一份性格问卷，这让研究人员得以确定所有被试的"五大性格特质"。这五大性格特质是神经质、外倾性、开放性、尽责性和宜人性。被试随后提交了他们的点赞情况供研究人员分析。随后，测试人员要求被试的同事、朋友和家人对他们的性格进行评估。研究人员将这些评估结果与使用计算机算法进行的人格评估结果进行了比较。在评估了10 个点赞之后，计算机能够比被试的同事更好地评估他的性格；在评估了 70 个点赞之后，计算机能够比他的朋友更好地评估他的性格；在评估了 150 个点赞后，计算机甚至能比他的父母或者兄弟姐妹评估得还要准确；在评估了 300 个以上的点赞后，连他的伴侣都比不过电脑。

　　该算法让研究人员能够找出哪些点赞和哪些性格特征相对应。例如，给萨尔瓦多·达利（Salvador Dalí）或冥想点赞代表更高程度的开放性；给聚会和跳舞点赞的人性格更加外向，或者喜欢追明星。人们在社交媒体上不仅可以看照片，还可以了解很多他人的信息。

　　主要和个人基础情况相关的性格特质是外倾性、内倾性和开放性。你可以看看那些你怀疑是骗子的人在脸书上发布的信息。

　　如果你发现这个人给达利或其他画家点赞，那么你可能正在与一个个性开放的人打交道，你不必逼问或引导他说出什么来确定这一点。

如果你发现某人给跳舞、聚会或真人秀明星点赞，那么你很有可能是在与一个外向的人打交道。通常情况下，这类人善于交际、合群、健谈、活跃、热情，而且在面部表情和手势方面富有表现力。通常，这种人有强烈的行动和创造意愿。性格外向的人自信且精力充沛，有明显的野心并且很会表达自我。这些人对提问的反应更强烈。性格外向的人更上进，他们更热衷于行动。这意味着并非每一种看似躁动的肢体语言都表明紧张。对于外向的人，你必须在"审讯"期间更仔细地观察，更加注意细微之处。

如果他更喜欢给旅游、作家或书籍点赞，那么你很可能是在与一个内向的人打交道。这样的人往往性格内敛、沉默寡言、安静、被动、害羞、矜持。他们往往会把真实的自己藏起来，喜欢倾听，面部表情和手势表现出了他们安静、专注的思想家的形象。外向者性格更加开放，而内向者则显得更加封闭。这些人对周遭环境的反应往往平静且放松，不容易受到干扰，而且根据我的经验，他们经常会提前准备好有充分依据的回答。因此，如果一个内向的人变得焦躁不安起来，那么你可能已经一针见血地揭露了他们的谎言。如果一个内向的人只有一个非常单薄的回答，那么你应该多做一些研究，因为他很有可能隐藏了一些东西。

大多数内向的人不喜欢别人离他们太近。坐得太近本身就会使内向者感到不舒服，并且会表现出自我安慰的姿态。所以，不要误解诸如抚摸脖子或抱手臂之类的手势所表达的含义，因为对方并没有试图隐藏任何东西，只是因为你们坐得太近。错误的评估可能会制造一种后果很严重的暗示，你可能会怀疑这个人在撒谎，而得到这种暗示的原因只是你太靠近他了。因此，在谈论真相和谎言时，让与你交谈的人感到舒服是至关重要的。否则，他可能会表现出被误解的不安迹象，这样你就找不到真相了。

现在我向你介绍 BACON® 法的核心内容，这是一个确定个人基本情况的测试，只有 15 道题。

我把问题分为三类（A 代表可靠性，B 代表好奇心和变化，C 代表社会地位），以便尽可能准确地评估被试的类型。我们可以从评估表中发现分类的目的是进行清晰、详细的分析。问题的顺序当然可以是任意的。

当然，也不必逐字逐句地提问，毕竟我们不应该让被试意识到我们正在进行测试，要做到这一点，就要让问题自然地融入对话中。

因此，我们只需在闲聊中提出问题或者评估已有的信息。例如，如果你已经知道了这个人收到了大量的超速罚单，那么你就不需要再问了。确保信息的可靠性非常重要。如果你亲眼看到了罚单，或者是相关人员已告诉你了，那么这样的信息就很可靠，其他都不是可靠的信息。所以，请不要轻易做出假设或结论，也不要使用任何假设来评估此测试，因为毕竟我们想要的是真实的信息。

由于这些问题属于封闭式问题，即只能用"是"或"否"来回答的问题，因此，得到确切答案毫无问

题，不存在诸如"我不知道"这样的借口，而且记住
"是"或"否"这种回答也很容易。在你收集了所有信
息后，就可以评估结果了。

当然，你也可以进行自我测评，但记住，要诚实，
否则最终你也不能正确认识自己。

通过评估家人、朋友、同事以及自己的性格，可
以增进人际关系并投入更多的真心。

15 道测试题

表 5-1　BACON® 测试

	错误	正确
我经常看星座，也相信星座（A）		

（续表）

	错误	正确
我经常感觉有压力，而且不堪重负（A）		
我在餐厅经常吃同样的东西（A）		
我会尽量避免冲突（A）		
我定期参加体检（A）		
每当无事可做的时候，我就会感觉焦躁不安（B）		
我定期去剧院或电影院（B）		
我喜欢去异国风味的餐厅（B）		
越是奢侈的时尚单品，我越喜欢（B）		
我梦想的假期是一次冒险之旅（B）		
我定期去健身房做运动（C）		
我经常开快车（C）		
我喜欢跑车（C）		
我经常批判性地评价自己的表现（C）		
当别人表现得比我好的时候，我就会很恼火，但我会尽可能控制自己（C）		

评估

停！在你匆忙进行评估之前，你应该知道一件重要的事情，即每个人都有许多美好而可爱的品质，这些品质可以丰富人们的生活。很多人也认为这些品质很珍贵，但这不是重点，因为这个测试最终不是为了对人或其性格进行价值判断的。这个测试的评估结果是用来帮助你认识这个人的。换句话说，如果足够了解一个人，你就可以判断你们之间是否契合、如何契合，进而做出正确的决定。这个测试适用于工作和私人目的，评估结果可以支持你做出决定。虽然这个测试的评估结果可以告诉你的不多，但也不少。

现在我们来谈谈如何评估这 15 个问题的答案。

　　首先，将同一组字母中回答"正确"的答案的数量相加。换句话说，对于标有 A、B 或 C 的问题，得到答案是"对"或者"同意"的数量是多少，然后在评估表（见表 5-2）中查找与计数相对应的字段，就可以知道回答问题的人的类型。

表 5-2　BACON® 测试评估表

A （可靠性）	B （好奇心和变化）	C （社会地位）	人格类型
3~5	0~2	0~2	I
0~2	3~5	0~2	II
3~5	3~5	0~1	III
3~5	3~5	3~5	IV
0~1	3~5	3~5	V
0~2	0~2	3~5	VI
3~5	0~2	3~5	VII
0~2	0~2	0~2	VIII
2	2	2	IX

注：数字表明对应的答案的数量（个）。

　　例如，如果你自己或者被试认为最多有一个 A 类问题的答案是"正确"，同时认为有 3~5 个 B 类和 C 类问题的答案是"正确"，那么你自己或者被试就属于 V 类。

　　如果你没有明确的答案，就应该向上或向下取整。然后在下面的类型描述中看到这种类型的人的特征。

　　之后如果你想进一步了解这个人，那么可以进行更加细致的比较，仔细对比各组数值。组内数值的高低表明了这个人对这一特征的关注程度。比如，如果有一个人在 A 组中的得到的数值为 2 ，那么他们对可靠性的关心程度就低于那些在 A 组中得到数值为 1 的人。反过来说，如果在 A 组中得到的数值为 4，那么这个人就非常重视信息的可靠性，但不如那些得到数值为 5 的人。虽然这些人属于同一个群体，但他们之间还是存在差异性的。

我们可以用同样的方法得到 B 组的数值。你可以看到这个人在生活中存在的好奇心和变化的确切数值。C 组数值显示了这个人对社会地位的重视程度。数值越高，这个人想获得的社会地位就越高。通过这种细致的比较和以下对人格类型的描述，我们可以进行更精确的评估。

人格类型

Ⅰ 类型——只求宁静

这种人天生就很自制，但也很容易焦虑。他们对新事物不是很感兴趣，也没有很强的功利心。事业和社会地位对他们来说并不重要。这就是他们不会做出太多尝试的原因，他们是为了避免意外和失望。这种类型的人有时会觉得生活有些无趣，在面对危险时会有剧烈的反应，当然也可能会过度防御。

实际上，他们可能并没有真正受到威胁，仅仅是感知到威胁，便足以触发他们夸张的防御行为。

当感觉事不关己的时候，Ⅰ类型的人不会有真正的同理心，也不会知道自己的边界在哪里。但到了必须为自己辩护的时候，他会过度反应。他经常做损人不利己的事，做了之后再修复关系对他来说也是难于登天。Ⅰ类型的人感觉自己很容易被逼迫走向自己不想走的道路，他本身也不属于应该走这条路的人。

除此之外，Ⅰ类型的人还是内心善良的人，只是没有安全感。因此，你要有意识地试着处理不愉快的情况，并帮助这种类型的人应对隐藏的挑战，这样你就可以拥有一个可以同甘共苦的终身好友。

注意，不要对他施加压力，不要试图说服他。在帮助其预测未来时，最好运用过去积极的经验。

Ⅱ类型——自我感觉能成事

这种类型的人认为自己很成功，不管他们是否真的成功。欲望是他们做事的真实驱动力。Ⅱ类型的人感觉自己在未来可以成为高层，因此，他们会努力争取在公司担任管理职位。他们不会让任何事情影响到他们的职业生涯（无论是公事还是私事），他们会将全部精力投入其中。这些人的座右铭是："为了达成目标，要做的事就一定要做到，不惜一切代价。"

　　但就算有这种毅力和决心，Ⅱ类型的人也不能在所有方面都做得很好。周围的人总是会觉得这种人对自己的烦恼、需求和心理状态都不在意。周围的人很快就会对这种人给出负面评价，然后这些"成功者"就不会再向积极的方向发展，而会变得焦躁不安，甚至会感到愤恨，大闹一场，然后离开这里，因为这种人不会站着不动或者放弃。因此，最好试着让这些人放慢速度，让他们看看其他人在干什么，看看他们让其他人承受了什么压力。你要向这些人解释清楚，他们可以不用那么急于求成，要多接触其他人，与他人齐头并进。这不会对他们的事业发展造成损害，反而会帮助他们提升自我。

你应该知道一件事，即Ⅱ类型的人永远不会停滞不前。所以，你不仅要做好跟上他们脚步的准备。如果你打算和这种类型的人一直交往下去，那么你应该做好准备，否则，他很快就会离开你。

注意，你要迎合他们，尤其在个人成就方面。

Ⅲ类型——为自己和他人而战

如果Ⅲ类型的人没有执意以自己的方式行事，那么在事业上还是可能有所发展的。因为他们做事过于谨慎，并且在面对现实中偶然到来的机遇时的第一反应是恐惧，这让他们没法拥有飞上枝头所需的力量。他们会过多地考虑可能存在的风险和危险，他们并不像Ⅱ类型的人那样努力向上。此后，他们就会发现自己陷入了严重的自我分裂中，甚至可能因此而生病。一方面，他们会为成功而努力；另一方面，他们也在和自己的过分小心做斗争，这种过分小心也可能会转变成一种恐惧的情绪。没有人愿意忍受这种内心的激荡，仅仅是能够解决这种内心的冲突就能让人满足了。

有时候，人们必须让 Ⅲ 类型的人睁开眼睛看看自己面对的困境是什么，以此让他们免受自我折磨。你应该向他们展示生活中美好的一面，向他们展示真正的快乐是什么。这样你就会拥有一个忠实的同伴，他会一路带着你走。因为 Ⅲ 类型的人在内心深处有一个忠诚的灵魂，而且他们会成为更关心团队的利益而不是自己的利益的领导者。

注意，你可以强调成功和安全这两个方面，以深入了解此被试在这两方面的愿景。这种性格的人在大公司的管理中层中尤为常见。

Ⅳ 类型——需要自由空间

"挑战"和"新思路"是这种类型的人的主题词。困难像火吸引着飞蛾一样吸引着Ⅳ类型的人。这些人可能会陷入解决问题这一困境，他们可能在空闲时间也无法摆脱这种压力，他们也可能半夜突然惊醒去寻找最佳解决方案。驱动他们的是一个简单的原则，即挑战越大，获得成功和认可的机会就越大，自我感觉就越好。

尽管如此，Ⅳ类型的人并没有承担不适当的风险。英雄人物基本就是这种类型的人，但前提是他们要意识到自己不能过度劳累，并且还要注意他人的心理状态。这类人计划的前进速度很可能会让其他人承受不了，以至于失去前进的动力。当这种情况发生时，这类人就会发火，情绪和兴致都会大为波动。如果你成为这些人的队友，就不要强迫他们或限制他们的自由，无论在职场中还是生活中，他们都是强大的团队合作者。

注意，你可以具体谈谈你未来计划中新奇的地方，再聊聊这位被试的决策能力。你要让他不再有所保留，但要小心不要显露出太多风险。

V 类型——从一个想法跳到另一个想法

这种类型的人总是在不断地寻找挑战和新思路，

我们很难劝他们别再开发新的思路。Ⅴ类型的人显示出了很强的活力，与Ⅳ类型的人不同，这类人更喜欢尝试新的道路，安全和双层保险对他们来说不是最重要的。你会发现这类人经常会是初创公司的企业家或领导力量。

如果Ⅴ类型的人正充满活力地走在追寻新事物的道路上，这时遇到了那些喜欢活在过去、根本不想改变的人，他就会很苦恼。然后，他很快就会变得筋疲力尽，还会遭到拒绝。

与其对这些人唠叨，还不如向他们指出，新的事业是需要去实践的，一味地从一个新想法跳到下一个新想法是不行的。因为他们总是屈服于新想法的诱惑，所以很难把想法付诸实践。对此，你要提出异议，让他们看到自己最大的弱点。

V 类型的人永远不会成为你真正的对手，因为他们对争论失去兴趣的速度如此之快，以至于通常在争论开始之前就结束了。V 类型的人遍地都是，他们在到处寻找新的想法。

注意，你要强调计划的创新和变化。旅行是你与其闲聊的好话题。

Ⅵ类型——只求刺激，不求成功

Ⅵ类型的人喜欢追求刺激以及与此相关的一切。结果如何对他来说无所谓，重要的是要足够刺激。因此，这类人对程序化的工作常常感到厌烦。

　　他们并不渴望权力，也不雄心勃勃，这就是为什么你会发现这类人不常处于高位。他们很知足，不会提出过多的要求，这让他们成了很受欢迎的合作伙伴。

　　只要有足够多的新鲜事物和变化，Ⅵ类型的人就满足了。如果没有，他们就会寻找新的刺激，不会再关注自己正在做的事。想帮助他们发展事业的人都会觉得很困难，因为他们根本不在乎。

　　注意，你要强调你的计划的特殊吸引力、前景以及成功的可能性，不要炫耀自己的身份和地位。

Ⅶ类型——避免冲突，渴望受欢迎

　　这种类型的人在遇到令人紧张的事或感到激动的

时候都要衡量其风险。当然，这并不是那么容易，因为紧张和风险往往相伴而行，它们并不相互排斥，但这有时会让这类人感到不舒服。

与其把自己内心的烦闷发泄在别人身上，Ⅶ类型的人更喜欢保持愉快的气氛。一般来说，这类人会尽量避免冲突，反过来说，他更想受到所有人的欢迎。

人们从不会让这类人感到孤单，因为他们对成为每个人心中的宠儿的渴望太强烈了。任何可以迎合一下并且能够忍受一定程度肤浅的人都可以和这类人玩得很开心。

注意，你要优先考虑社交方面，展示你的计划可以为公众、公司或与你交谈的人的家庭带来什么；摆出理由，说明这种社会层面的成功离不开你的交谈对象所产生的影响。

Ⅷ类型——只想维持现状

这类人只想要平静和安宁。他们既不想飞黄腾达，也不喜欢承受压力。Ⅷ类型的人对任何辛劳的或可能需要努力的事情都抱有一种轻松的态度。因为不想努力，所以他们已经学会了接受自己能力范围内能够得到的东西，其他任何东西都只是不必要的麻烦。

一方面，在单身男女中，这类人通常挺受欢迎，因为他们镇定的姿态可以减轻他人的压力。他们也受到那些有明显竞争压力的人的欢迎，因为毕竟不需要担心Ⅷ类型的人会危及自己的前途。

另一方面，这类人在自己的职业生涯中会存在问题。上级发现他和其他同事相比缺乏责任心和执行意愿，因此，他被解雇的情况并不少见。

但如果对这类人的期望不高的话，那么你们就可能拥有长久的友谊或长久的业务合作关系。毕竟，对于Ⅷ类型的人来说，寻找新的出路太累了，尤其是当他们觉得可以做自己的时候。

注意，你要特别强调现状，最好不要聊任何变化和创新。不要把这个人从人群中挑出来，这样他们才会感觉舒服。

IX 类型——中庸

这类人喜欢待在中间地带，他们讨厌极端。无论是职业前景还是刺激的事都无法吸引他们。他们总是独来独往，不会被动摇，就算别人说他们无聊，他们也不在乎。

但这并不意味着这类人心如止水。他们也会表现出自己的情绪，也能在工作中有所发展，但最多能成为中层管理者，虽然他们不会成为高层管理者，但也不会一路下滑。

如果你正在寻找一个各方面都能均衡的人——无论是工作中还是生活中——那么你肯定能在 IX 类型的人中找到。

　　注意，你可以对各方面都加以强调，虽然这需要研究更多东西。这类人喜欢平衡，在和你聊天的时候也一样。所以，不要试图让这个人感到意外。

　　现在，我们已经迈出了重要的一步，可以根据性格对我们面对的人进行分类了。以上这些信息在通往真相的道路上非常重要，但仅靠这些信息是不够的。如果我们仅仅依靠性格而不考虑具体的语境，那么对真理或谎言的预测往往是不准确的。

语境

　　当我谈到 BACON® 法的语境时，指的是在我们试图评估他人时所处的特定对话场景。毕竟，舒适地坐在沙发上、与爱人在一起、被雇主问询、在法庭上等场

景是不一样的，场景的变换会带来很大的不同。如果
是令人紧张的对话场景，那么我们必须以不同的方式
进行评估。换句话说，如果我们想知道对方是否对他
的言语内容或问题感到紧张，那么我们必须先评估他
在面对具体情境时的紧张程度，因为肢体语言的反应
会受到整体情境的影响。

在我作为专家参与的《别骗我》节目中，有一位
嘉宾的女朋友不再信任这位嘉宾了。她怀疑她的男友
在欺骗她，想知道事实是不是如此。虽然她已经不再
相信她的男友的保证，但她的男友还是很重视这段感
情，所以他想上这个节目。他带上了测谎仪，然后在
演播室里进行了他一生中最诚实的谈话。在此期间，
我仔细观察了他，看他有没有紧张或者试图躲避。最
后的王牌是测谎仪的评估结果。这个年轻人满头大汗，

搓着手，他的眼睛紧张地扫过玻璃桌面。其间，他将双脚向内并拢，揉捏着双手，直至指尖发白。有一点非常清楚，那就是他很紧张，或许是因为他在撒谎，害怕谎言被揭穿。许多人仅仅通过肢体语言就指责他在撒谎，因为观众可能是第一次在节目中看到他。但我并不确定，因为和所有候选人一样，在录制《别骗我》节目之前，我曾在录音室的休息室拜访过他，我同他打招呼，想消除他在录播前的一些紧张情绪，并且确定他的基本状况。在谈话中，我注意到在我们互相打招呼时，他甚至无法告诉我他的名字，因为他太紧张了。他是怕被"定罪"吗？还是害怕站在观众面前？就他的情况而言，他确实害怕，但不是害怕谎言被揭穿，而是害怕失去一生挚爱，因为爱人正在怀疑他。他什么也没做，却被指控行为不端。因为所有的誓言都失效了，所以他让我来当专家，还接受了测谎仪测试。他的幸福掌握在我手中，而在此之前他从未见过我，也没法评价我是怎样的人。当谈话结束时，真相大白，他是清白的。

三个月后，这个年轻人给我写了一封信。他和他的女朋友分手了，因为他不想和一个如此不信任他的人在一起。揭露真相和自证清白对他来说非常重要，这样他就可以迈出这一步脱离这段关系。这个决定在他心里已经考虑成熟，虽然节目结束时他还是很庆幸自己没有失去女朋友。但不知从何时起，他改变了主意。他感谢了我并继续写道，他现在已经认识到了真理的价值，可以自由地选择他想要的东西，而不再只是为自己辩护以免受指控。他的前女友把他逼到了这种地步，她控制了这段感情和他的生活。真相让他恢复了自由，所以他想一直持有真相。在他眼里，这对他的前女友来说是不可能做到的。"真理通过澄清事实来赋予人们自由。"他继续说道，他如此坚信。

这个故事说明，在判断一个人说的是谎言还是真话之前，弄清楚对话情境是多么重要。很多原因都可以造成紧张情绪。然而，这些原因对于判断真假能够起到决定性的作用。因此，了解紧张背后的原因非常重要。

为了更清楚地说明这一点，我再讲一个故事。这个故事也是关于忠诚和男人是否背叛了他的伴侣的——这是亲密关系中反复出现的主题。虽然男人否认了女人对他的所有怀疑，但女人不太相信他，她建议他做一个真假测试。如果他说的是真话，那么就万事大吉了，她从此就会相信跟同事聚会的时间过长、突然出差等这些奇怪的迹象并没有问题。她保证一旦确定一切都没问题，就不再谈论这件事，也不会再指责他。

　　这两个人来到《别骗我》节目组找到我。在初步谈话时，这个男人非常紧张，就像之前故事里的那个年轻人一样。他满头大汗，眼睛在房间里疯狂地扫视着，不停地挠着脖子。这是人们在紧张时经常会有的表现。抚摸颈部会刺激那里的神经细胞，从而产生镇静作用。是什么让他如此紧张？是因为对女朋友撒谎了还是害怕失去女友？在初步谈话结束时，我确信要做的第一件事就是找出他紧张的原因，但这次情况完全不同。

　　令人惊讶的是，在节目录制中，他的紧张情绪急剧下降，变得很平静，他像被固定住一样坐在那里，没有慌张的动作，他的双手搭在桌面上，眼神平静。这种肢体语言的变化非常明显。人们可能很快会相信这个年轻人说的是真话，因为他是如此冷静。但情况恰恰相反，如果肢体语言变得异常平静甚至消失了，那么这就是一个非常明显的说谎迹象。这种情况大多发生在人们更加紧张的情况下，这时他们会有强烈的警惕心。为了不对这个年轻人造成不公，我问他上过几次电视节目，他的回答是第一次。更令人惊讶的是，他当时的表情如此平静。在谈话结束时，我们已经得出了结论，即他多次背叛了女友，不仅是和她的一个朋友，还有一个同事和一个妓女。值得注意的是，他的行为在特定情况下发生了变化，这非同寻常。

在对语境进行分类时，务必要通过提问对场景进行交叉实验。就该名男子而言，有必要询问他是否参加过电视节目的录制。如果他是电视节目录制的常客，那么下一个问题自然会是他参加过什么电视节目的录制。这样，谎言很快就会被真相击破。因此，始终以基于事实的方式设定此类问题就非常重要。因为只有这样，才能真正检验答案是否正确。

只有真相才能明确分类，这是一个不抽象的简短指南。我们举一个在恋爱中撒谎的例子，假设你的伴侣在对质中否认了所有指控，但他非常紧张。你现在正试图找出这种紧张感的缘由，此时重要的是要认识到与正常对话相比，被试在调查环境中的紧张程度以及紧张的来源。所以，你要问他过得怎么样，他为什么这么紧张。如果他否认了自己的紧张情绪，那么你要做的就是问他为什么表现得如此紧张，最好进行具体描述，比如，让自己镇静的手势。如果他继续否认，那么根据我的经验，没有别的原因，谈话的内容就是他紧张的原因。可不幸的是，这样的行为背后往往都有一个谎言。

如果你得到的理由是这次谈话之外的，那么你就应该重新寻找真相。如上所述，要求他提供可验证的事实，可以是时间、地点、参与者等。时间和地点是非常重要的信息，尤其是在数字时代。例如，如果有人声称参加过商务晚宴，那么请向他们询问菜单的详细信息，然后核对是否正确。怎么核对呢？现在几乎每家餐厅都会将菜单放到一些网站上，你可以在上面找到相关信息并进行核实。这同样适用于突发的公事出差，你可以把酒店的网站信息作为事实的依据。

在我们对答案进行判定之前，我必须指出，以上这些辨别方法都是出自我的个人经历，是我在无数次法庭审讯、镜头前谈话和公司所谓的合规分析中所得出的。因此，我不排除在基于 BACON® 法的调查中有些人表现得不同的可能性，虽然我已经有 25 年没有经历过这种情况了。我告诉你这些是因为我不想假装我找到了获取真相的"灵石"，也不想让你脱离自己的思考。如果你在寻找真相，那么你就必须自己思考很多东西，毕竟并不存在可以把答案以唯一模式进行判定的套路。如果有的话，那么 BACON® 法就不会存在，因为人们会通过肢体语言来识别谎言。然而，这恰恰是被科学研究所驳斥的，因为这总是因人而异的。我指出这一点，以防止你被前述内容的简单应用所误导。或者换句话说，如果你正在寻找真相并想要找到可靠的真相，你就无法避免思考。

让我们回到通过核实真相来对结果进行判定上。如果有人不知道菜单，那么他可能就没在那里吃过饭；如果有人不知道去过的餐厅的菜的价格，那么他可能就没有邀请过商业伙伴去那里；如果有人不熟悉当地的情况，那么几乎可以肯定他从未去过那里。对于大多数真相，人们都可以在沙发上用自己的智能手机轻松地进行研究并获取。如果有人在这种情况下依然说假话，那么他想要隐瞒一些事情的可能性就很高了。我的经验表明，就算这样，也很少有人会承认不忠。首先，他们会屈服并承认存在过失。然后，为了让自己的话变得可信，许多人认为顽固地继续坚持谎言是有用的。这时你就需要一个专家，以第三方的身份评估真相并做出某种判断。这样是否可行，完全取决于你是否想要相信被提问的人。我在这里特意使用了"想要"这个词，因为这很重要。如果你想要相信他，那么即使事实证明他说谎了，也没有人可以阻止你。成年人可以自由地相信或不相信某件事，否则就不会有那么多不同的信仰了。就算事实证据很少，甚至许多事实都描绘出与真相相反的画面，但人们还是选择相信它。

　　如果你不想简简单单就选择相信，那么通过辨别被提问者的肢体语言是否紧张，并结合先前对被提问者的基本状况和人格类型的分类以及提问的语境，你就可以根据揭露真相的提问来判断对错。这表明，你已经接近真相并成功使用了 BACON® 法，但如何处理结果取决于你自己。BACON® 法只能帮助你发现真相，虽然它能帮你的不多，但也不少。

『炙烤』出真相

人们正坐着闲聊，聊聊天气，问问彼此过得怎么样，这一天发生了什么，也可能在谈论邻居和朋友，还可能聊聊私密的事——这是一种日常聊天的场景。当聊私密的事的时候，有一个真正让人感兴趣的话题，那就是可能被隐瞒的真相。让我们举一个例子，比如，一个女人怀疑她的伴侣不忠，因此立刻责问他，这让他惊诧，这种做法并不明智。若在伴侣回到家时就立即跑到门口问他是否在欺骗你，那么只有在极少数情况下才能获得答案。更好的做法是学着法庭或审讯中使用一种被称为"炙烤"的策略。就像在烧烤架上一样，让与你对话的人被慢慢地"炙烤"，使其在高温下翻转，直到熟透，这样他就能告诉你他一直在隐瞒的是什么。

对变化的提问是开始"炙烤"的良好起点和将话题转向本质的契机。毕竟，在我们怀疑某件事之前，你肯定会先注意到对方身上一些明显的变化。带着对这个变化的疑问，你加热了烤架，炙烤着对方，直到他告诉你真相。

比如，让你开始质疑伴侣忠诚度的变化可能是他开始注意打扮自己了；或者他突然以一种不寻常的方式投入工作中；或者他突然重新联系老友，现在经常和他们出去玩；或者他在已经用了最新款的手机的情况下突然有了第二部手机；或者突然你们之间不再有告别吻了，他说自己很累；或者你注意到的其他变化，而且你并不知道他改变的原因，还需要去打听。如果你注意到类似的这些变化，那么你就有机会找到真相。

反之，如果你没有注意到任何变化，就不会怀疑，也不会去质问他。寻找真理的第一步是弄清事物何时发生了变化，然后以清醒的头脑对这种变化做定性分析。如果你无法给这种定性一个合理的解释，那么是时候进行提问了。"你的品味真好，这是你从哪里得来的新衣服？"这个问话是一个合适的开场白。也许你会得到关于新事物来自哪里的答案。而如果他通过回复"你到底想干什么，怎么对这个感兴趣"来阻止你提问，那就很危险了。你的问题是无害的，为什么他会有如此激烈的反应？这种不正常的回答表现出了一种被激怒的紧张状态。只有当人有压力时才会这么做，因为他知道自己疏忽了一些地方，他害怕这种疏忽泄露了什么。在这种情况下，你不应该放松警惕，而是应该马上跟进。但不要用对质来解决不忠的问题，而是应该冷静地问他为什么会反应这么激烈。通常他会回答："我没有反应过激。"如果他这样回答，那就可以继续问了。"好，那你可以告诉我你在哪里买的东西吗？"如果他仍不想回答，那就可以中断对话了。不幸的是，你可以肯定一定有不对劲的地方。但如果你得到了回答，那么请坚持下去，问问其他变化，比如，新使用的香水，或者开始对身体进行护理。注意，你在提问的时候只能问一些无伤大雅的问题，比如，这个新产品的名字或新理发师的名字。

　　然后，你就可以问问他喜欢这个新产品的什么地方。当这个问题得到回答时，你就该问第一个尖锐的问题了。你要问问改变的原因："为什么你突然这么在意自己的外表了？"这时候你要注意你在提问时他所表现出的肢体语言，是不是表现出了不适，感到压力，想要回避甚至有逃跑的倾向？如果你看到了这样的表现，就问问他为什么这么紧张。在这时，说谎者往往会试图结束谈话，想要人间蒸发，因为你"炙烤"了他，他注意到了这一点，所以他想逃跑。不要让他逃走，你要坚持，直到得到答案。在这样的对话下，说谎的人很有可能会坦白。因为在这种压力下，真相会爆发出来。也许不是以坦白的形式，而是更多地以反击的形式，他会迅速开始抱怨你给他造成的困扰。这种攻击往往是他摆脱被"炙烤"的压力的一个出口，这样对方也就说出了一直试图隐瞒的事。

　　既然你现在已经知道了怎么找出他人试图隐瞒真相的方法，那么就可以让自己想要的真诚回归生活，消除谎言。也许你已经在让他人变得诚实的道路上收获了快乐，那么我想鼓励这样的你：我们需要更真诚的世界！

参考文献

为了节省纸张、降低图书定价，本书编辑制作了电子版参考文献。用手机扫描下方二维码，即可下载。

版权声明

Original title: Lüg mich nicht an!: Wie du herausfindest, was andere verheimlichen

by Markus Schollmeyer © 2021 by Kösel-Verlag

a division of Penguin Random House Verlagsgruppe GmbH, München, Germany.